T0194731

essentials

Essentials liefern aktuelles Wissen in konzentrierter Form. Die Essenz dessen, worauf es als „State-of-the-Art" in der gegenwärtigen Fachdiskussion oder in der Praxis ankommt. Essentials informieren schnell, unkompliziert und verständlich

- als Einführung in ein aktuelles Thema aus Ihrem Fachgebiet
- als Einstieg in ein für Sie noch unbekanntes Themenfeld
- als Einblick, um zum Thema mitreden zu können.

Die Bücher in elektronischer und gedruckter Form bringen das Expertenwissen von Springer-Fachautoren kompakt zur Darstellung. Sie sind besonders für die Nutzung als eBook auf Tablet-PCs, eBook-Readern und Smartphones geeignet.

Essentials: Wissensbausteine aus Wirtschaft und Gesellschaft, Medizin, Psychologie und Gesundheitsberufen, Technik und Naturwissenschaften. Von renommierten Autoren der Verlagsmarken Springer Gabler, Springer VS, Springer Medizin, Springer Spektrum, Springer Vieweg und Springer Psychologie.

Ulrich Holzbaur • Monika Bühr

Projektmanagement für Lehrende

Erfolgreicher Einsatz von Projekten in der Hochschullehre

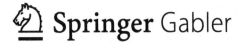 Springer Gabler

Ulrich Holzbaur
Monika Bühr

Hochschule Aalen
Aalen
Deutschland

ISSN 2197-6708   ISSN 2197-6716 (electronic)
essentials
ISBN 978-3-658-09059-3   ISBN 978-3-658-09060-9 (eBook)
DOI 10.1007/978-3-658-09060-9

Die Deutsche Nationalbibliothek verzeichnet diese Publikation in der Deutschen Nationalbiblio-grafie; detaillierte bibliografische Daten sind im Internet über http://dnb.d-nb.de abrufbar.

Springer Gabler
© Springer Fachmedien Wiesbaden 2015

Gedruckt auf säurefreiem und chlorfrei gebleichtem Papier

Springer Fachmedien Wiesbaden ist Teil der Fachverlagsgruppe Springer Science+Business Media
(www.springer.com)

Die Erstellung dieses Leitfadens wurde durch das Baden-Württembergische Ministerium für Wissenschaft, Forschung und Kunst im Rahmen der Projekte „Wissenschaft erleben, Praxisrelevanz erfahren und nachhaltig lernen in Projekten" und „Professionalisierung der Lehre – Einsatz der Projektmethode" gefördert.

Was Sie in diesem Essential finden können

- Leitfaden für den Einsatz von Lehrprojekten
- Projektmanagement zur strukturierten Vorbereitung projektbasierter Lehre
- Projektbegleitende Maßnahmen für die projektbasierte Lehre
- Einsatz von unterschiedlichen Projekten als Lehrmethode und zur Kompetenzvermittlung

Inhaltsverzeichnis

1 **Professionelle Hochschulprojekte** 1
   1.1 Projektdefinition 2
   1.2 Hochschuldidaktischer Kontext 3
   1.3 Checkliste zum Einstieg in die projektbasierte Lehre 8
   1.4 Übersicht 9

2 **Kurze Zusammenfassung von Projektmanagement** 11
   2.1 Projektdefinition und -start 12
   2.2 Projektplanung und -strukturierung 13
   2.3 Zeitplanung 16
   2.4 Projektorganisation 18
   2.5 Projektcontrolling und -durchführung 19
   2.6 Projektabschluss 21

3 **Die Projektmethode PPM** 23
   3.1 Projektmethode 24
   3.2 Projektportfolio 25
   3.3 Kommunikation zwischen den Projektpartnern 26
   3.4 Kulturelle Aspekte 28
   3.5 Einbindung in das Curriculum 28
   3.6 Zielorientierung 29
   3.7 Arbeitsaufwand und Kosten 31
   3.8 Umsetzung der Projektmethode 33

4 **Projektmethode in den Phasen** 35
   4.1 Projektakquisition, -definition und -start 37
   4.2 Projektvergabe und Organisation 40

4.3   Projektplanung   41
4.4   Projektdurchführung und -controlling   43
4.5   Projektabschluss und Reflexion   43

5   Spezielle Projektarten   45
5.1   Entwicklung   45
5.2   Wissenschaftliche Projekte   46
5.3   Organisationsprojekte   47
5.4   Veranstaltungsorganisation   48
5.5   Lehr-Lern-Projekte   50
5.6   Publikationsprojekte   52

Zusammenfassung   55

Was Sie aus diesem Essential mitnehmen können   57

Literatur   59

Professionelle Hochschulprojekte 1

► Projekte spielen in der Lehre eine immer größere Rolle. In diesem Kapitel betrachten wir Projekte und ihre Einbindung in die Lehre anhand vorbereiteter Lehrprojekte.

Im Studium sollen theoretische und praktische Erfahrungen sowie Kompetenzen systematisch miteinander verknüpft werden. Laut der Untersuchung des Stifterverbands für die Deutsche Wissenschaft (Briedis et al. 2011) stellen folgende Merkmale den Praxisbezug eines Studienganges dar:

- Aktualität bezogen auf Praxisanforderungen des späteren Berufsfelds
- Verknüpfung von Theorie und Praxis
- Aufarbeitung von studienbegleitenden Praxisphasen
- Fach-/berufsbezogene Einübung von Fremdsprachen
- Einübung beruflich-professionellen Handelns und Vorbereitung auf den Beruf.

Andererseits soll das Studium an einer Hochschule auf das wissenschaftliche Arbeiten vorbereiten und dazu befähigen. Dazu gehört (Holzbaur und Holzbaur 1998) das Umsetzen von Kriterien wie:

- Objektivität und klare Begriffsbildungen
- Abstraktes und modellbasiertes Arbeiten
- Wissenschaftliche Redlichkeit (Ehrlichkeit) und Dokumentation

© Springer Fachmedien Wiesbaden 2015
U. Holzbaur, M. Bühr, *Projektmanagement für Lehrende,* essentials,
DOI 10.1007/978-3-658-09060-9_1

- Ergebnisorientierung: Wissensgewinn und Innovation
- Auswahl und Festlegung von Zielsetzung und Methodik
- Nachvollziehbarkeit und Nachprüfbarkeit.

Die Integration dieser beiden Anforderungsfelder in einem Studium kann durch reine Stoffvermittlung nicht gelingen und braucht aktivierende Lehrformen. Hier ist die projektbasierte Lehre besonders geeignet. Sie verbindet die Komponenten:

- Zielorientiertes Arbeiten und Zielsetzungskompetenz
- Wissensbasiertes Arbeiten und Wissenschaftliche Methodik
- Ergebnisorientiertes Arbeiten und Praxisrelevanz
- Teamarbeit, Sozialkompetenz und kulturelle Kompetenz.

Die im vorliegendem Buch beschriebene Projektmethode ist daher mehr als nur die Durchführung von Projekten: Sie verbindet den gezielten Einsatz eines Projekts zur umfangreichen Stoffabdeckung der Vorlesung mit realen Ansprüchen und somit einem konkreten Nutzen für alle Anspruchsgruppen (vgl. Holzbaur und Venus 2013). Hierbei werden neben Fach-, Sozial- und Methoden- auch Handlungskompetenzen vermittelt.

Projekte dienen einerseits als pädagogische Methode zur Stoff- und Kompetenzvermittlung und andererseits als Planungsmethode, um die Zeitplanung von der Projektakquise bis zur Planung, Bearbeitung und Bewertung der Projekte einzuhalten. Durch die Anwendung der Projektmethode sollen unvorhersehbare negative Ereignisse vermieden werden (vgl. Rummler 2012).

1.1 Projektdefinition

▶ Ein Projekt ist ein Vorhaben, das im Wesentlichen durch Einmaligkeit gekennzeichnet ist, nicht innerhalb der normalen Routinearbeiten ausgeführt wird und mit begrenzten Ressourcen auskommen muss (vgl. DIN 69901).

Ein klassisches Modell für ein Projekt ist das „magische Projektdreieck". Die Ecken entsprechen den Determinanten eines Projekts, nämlich dem Ergebnis (Zielerreichung), den eingesetzten Ressourcen und der Zeit (Abb. 1.1).

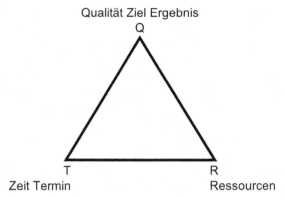

Abb. 1.1 Projektdreieck

▶ Projektdeterminanten sind:
  Q = Qualität = Ergebnis (im Sinne eines Zielzustands und abzugebende Leistungen (Deliverables))
  R = Ressourcen = Aufwand (Geld, Personenzeit, Infrastruktur)
  T = Termin = Kalenderzeit

▶ Der Begriff Projekt sollte nur benutzt werden, wenn ein klares Ziel vorgegeben ist und dieses in einem vorgegebenen Zeitraum zu erreichen ist.

1.2   Hochschuldidaktischer Kontext

Seit ungefähr 15 Jahren wird im Studiengang Wirtschaftsingenieurwesen an der Hochschule Aalen projektbasierte Lehre erfolgreich praktiziert (Holzbaur 2010). In der Hochschullehre kommen durch vielfältige Fächer und abwechslungsreiche Projektziele verschiedene Projektarten mit unterschiedlichen Methoden, wie zum Beispiel Entwicklungsprojekte für kleinere Produkte, Umfragen oder Planungsprojekte, zum Einsatz.

Projektart

▶ In diesem Leitfaden konzentrieren wir uns auf lehrveranstaltungsbegleitende, zielorientierte Projekte.

Diese Art der Projekte zeichnet sich durch Verknüpfung von der Theorie in den Vorlesungen und der Praxis durch real, erlebnisorientierte Elementen mit internen und/oder externen Kunden aus. Projekte werden hierbei als ein Mittel der Lehre eingesetzt. Die Projektziele leiten sich aus strategischen Zielen und Visionen ab und werden in konkrete Aufgaben und Aufträge umgesetzt. Projektziele, Ressourcen und Termine müssen zwischen dem Auftraggeber (Kunde) und dem Projektteam (Projektleiter) vereinbart werden (vgl. Holzbaur und Venus 2013). Hierbei ist der Nutzen für alle Projektbeteiligten (Anspruchsgruppen) elementar.

Anspruchsgruppen (Stakeholder)

► **Anspruchsgruppen (Stakeholder)** Anspruchsgruppen (Stakeholder) sind alle Personen oder Gruppen, die einen Einfluss auf das Projekt und den Erfolg haben und/oder vom Projekt oder Ergebnis direkt oder indirekt betroffen sind.

Jedes der individuellen Projekte hat immer fünf wesentliche Anspruchsgruppen:

*   Kunde bzw. Auftraggeber:
    Hierbei steht üblicherweise der unmittelbare Nutzen für die Organisation im Vordergrund. Daneben kann der Image- oder Lerneffekt von gemeinsamen Projekten mit der Hochschule und der Wunsch, Studierende in ihrem Lernprozess zu unterstützen, eine Rolle spielen – aber auch der Wunsch, Studierende für die entsprechende Organisation mit ihren Zielen zu interessieren.
*   Klassische Stakeholder:
    Weitere gesellschaftliche Gruppen (Bürger) und Institutionen (Stadt, Staat, Unternehmen, Verbände) haben Ansprüche an das Projekt und können das Projekt beeinflussen.
*   Lehrende:
    Für die Lehrenden spielen vor allem der Lerneffekt und die Motivation eine Rolle: Das Projekt soll direkt für das studentische Projektteam und im Kontext des gesamten Projektportfolios eines Semesters zum Erreichen der Modulziele beitragen. Das Einfließen der Projektergebnisse in das Vorlesungsskript, eine Publikation der Ergebnisse durch einen Pressebericht oder als wissenschaftlicher Artikel sowie die Prozessverbesserung kann für die Lehrenden vorteilhaft sein.
*   Studierende:
    Für das studentische Team steht im Allgemeinen der Erwerb des Leistungsnachweises (Credit points, CPs) im Vordergrund, was den Erwerb sämtlicher erlernbarer Kompetenzen bei der Projektdurchführung mit einschließt. Weitere Motivationsgründe liegen in der Kooperation mit anderen Semestern und Gruppen, im Kennenlernen von Organisationen (Unternehmen) sowie im Erreichen des Projektziels selbst. Alle Studierenden lernen von den Projekten. Der Lern-

effekt wird auch durch die Betrachtung der Ergebnisse und Projekte der anderen studentischen Projektteams erreicht.

• Hochschule:
Die Hochschule hat als Institution Ansprüche an das Niveau der Ausbildung. Hier sind die Anforderungen der Studien- und Prüfungsordnung (SPO), der internen und externen Akkreditierung, der Studierendenschaft und der Externen zu beachten. Sie hat die Möglichkeit, die Projekte durch Bereitstellung von Ressourcen sowie rechtliche und organisatorische Randbedingungen zu stärken. Generell fördern positive Projektergebnisse und deren Darstellung in Presseberichten und wissenschaftlichen Artikeln die Reputation der Hochschule. Des Weiteren kann die Hochschule auch Kunde oder Stakeholder eines internen Projekts sein.

Hochschule als Kunde

Ein beliebtes und für die Hochschule effizientes Projekt ist die Organisation eines Qualitätsworkshops zur Verbesserung der Studiensituation oder Lehrqualität. Auch in anderen Projekten wie beispielsweise das Semesterticket, die Attraktivität der öffentlichen Verkehrsmittel, die Qualität der Mensa oder das Energie- und Ressourcensparen auf dem Campus kann die Hochschule Kunde sein.

Die Projekte in diesem Leitfaden zeichnen sich durch folgende Merkmale aus:
• lehrveranstaltungsbegleitend: Projekt im Rahmen einer Lehrveranstaltung an einer Hochschule
• zielorientiert: neben dem Prüfungsaspekt gibt es ein klares Projektziel
• nutzenorientiert: Das Projektziel hat einen Nutzen für einen oder mehrere Kunden (Abb. 1.2).

Kompetenzvermittlung in der Lehre

► **Kompetenzen** Laut Weinert (2001) werden Kompetenzen folgendermaßen definiert: „die bei Individuen verfügbaren oder durch sie erlernbaren kognitiven Fähigkeiten und Fertigkeiten, um bestimmte Probleme zu lösen, sowie die damit verbundenen motivationalen, volitionalen und sozialen Bereitschaften und Fähigkeiten, um die Problemlösungen in variablen Situationen erfolgreich und verantwortungsvoll nutzen zu können."

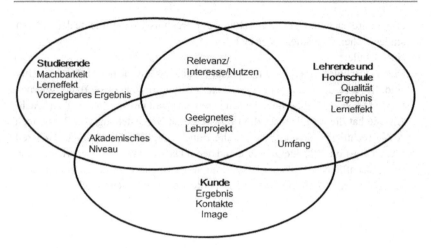

Abb. 1.2 Projekt als Schnittmenge der Interessen aller Beteiligten

Im Europäischen Qualifikationsrahmen wird Kompetenz im Sinne der Über-
nahme von Verantwortung und Selbstständigkeit beschrieben (vgl. Empfehlungen
des Europäischen Parlaments und des Rates 2008). Nach Tulodzieck und Herzig
und Blömeke (2004) haben sich fünf Merkmale in der Lern- und Lehrforschung
zur Kompetenzvermittlung bewährt:

1. Eine bedeutsame Aufgabe mit angemessenem Komplexitätsgrad: Zielkonflikt
   zwischen Machbarkeit und Anspruch (Ergebnis)
2. Verständigung über das Aufgabenziel und die Vorgehensweise: Kommunikation, Projektauftrag, Schnittstellen
3. Selbsttätige und kooperative Auseinandersetzung mit den Zielen und Aufgaben:
   Definitionsphase
4. Vergleichen unterschiedlicher Lösungswege und Lösungen sowie deren
   Systematisierung
5. Anwendung, Evaluierung und Reflexion des Gelernten (Lessons learned).

Somit sind reale, erlebnis- und zielorientierte Projekte ideale Hilfsmittel um zum
einen Kompetenzen (Fach-, Methoden-, Sozial- und Handlungskompetenzen) und
zum anderen Wissen zu vermitteln. Genau das ist der Kern der Projektmethode
„Prepared project method", kurz: PPM (vgl. Holzbaur et al. 2010; Holzbaur et al.
2013). Durch die Kompetenzvermittlung wird Wissen und Können der Studierenden in verschiedene Handlungszusammenhänge gesetzt (vgl. Tulodziecki 1997).
Neuer Lernstoff wird an bestehendes Wissen und an Erfahrungen angeknüpft und
vernetzt (Venus 2013).

Erfassung des Lerninhaltes von Student zu Student

▶ Zur Steigerung des Lernerfolgs ist das gegenseitige Erklären und Präsentieren der Projektergebnisse aller Projektgruppen maßgeblich.

Im studentischen Team wird das Lernen durch intrinsische Motivation besonders gefördert, damit wird der Projektinhalt besser verstanden. Häufig entwickeln Studierende dadurch auch ein hohes Engagement für das Projektziel.

Projektinterne und projektexterne Lernprozesse
Die Lernprozesse finden in zwei Bereichen statt:

• Projektintern durch das Aufbereiten des für das jeweilige Projekt notwendigen Stoffs
• Projektextern durch das Weitergeben der Informationen an die KommilitonInnen.

Im studentischen Team (projektintern) betrachten Studierende ihr Projekt als eigene Herausforderung und lernen dadurch sich selbst und Teammitglieder zu motivieren. Dabei muss es nicht immer das attraktivste Thema sein, sondern das Team muss sich mit dem Thema identifizieren können, beispielsweise aufgrund von Vorkenntnissen oder Anknüpfungspunkten.

Intrinsische Projektmotivation
Studierende können über das Projektthema oder das Projektumfeld besonderes Interesse am Projekt entwickeln, beispielsweise aufgrund von eigenen Erfahrungen oder Interessen, Hobbys oder einer Mitgliedschaft in Organisationen.

In der Vorlesung (projektextern) wird durch laufende Präsentationen die handlungsorientierte Unterrichtsmethode „Lernen durch Lehren" eingesetzt. Der gesamte Lehrinhalt wird im Projektportfolio (näheres siehe Abschn. 3.2) definiert und in den Präsentationen abgebildet. Durch die Aufarbeitung des eigenen Projekts für KommilitonInnen wird durch eine andere Sichtweise zum Projekt die Lernleistung erhöht. Andererseits erhalten die KommilitonInnen eine breite Palette von Präsentationen und somit Kenntnisse über den gesamten Lehrinhalt der Vorlesung (S2S Abschn. 5.5).

1.3   Checkliste zum Einstieg in die projektbasierte Lehre

Zum Einstieg in die Projektmethode sollte man sich als Lehrender nachfolgende Fragen stellen, um sich über die eigene Position klar zu werden und damit den besten Ansatz zu finden. Die folgende Checkliste soll Ihnen dabei helfen:

• Grund: Warum wende ich die Projektmethode an?
  − Im Curriculum/Studien- und Prüfungsordnung vorgeschrieben
  − Lehrerfolg verbessern, fachliche Kenntnisse vertiefen
  − Studierende aktivieren, Bildungseffekte erreichen
  − Ergebnisse (Wissen, Veränderungen) erzielen.
• Didaktischer Ansatz: Wie möchte ich den Nutzen erzielen?
  − Studierende lernen durch das eigene Projekt
  − Projekt vertieft Vorlesungswissen
  − Projekt prüft gelerntes Wissen und erworbene Kompetenzen
  − Andere Studierende lernen vom Projekt (Student to Student - S2S, Abschn. 5.5)
  − Projekt liefert Lehrmaterialen.
• Welche Kompetenzen will ich vermitteln?
  − Projektmanagement
  − Fachwissen und Stoff
  − Methoden- und Fachkompetenz
  − Sozialkompetenz, kulturelle Kompetenz und Teamarbeit
  − Selbstkompetenz.
• Wie sind Projekte in die Lehrveranstaltung eingebunden?
  − Nur Projekt
  − Lehrveranstaltungsbegleitend.
• Welche Partner und Projektkunden will ich einbinden?
  − keine (LV-intern)
  − Semesterintern (Lehreffekt S2S)
  − Hochschulintern (Fakultätsübergreifend inkl. Verwaltung)
  − Extern (Non-Profit-Organisation, Industrie, usw.).
• Wie ist das Projekt zeitlich verteilt?
  − Block
  − Regelmäßig
  − Unregelmäßig
  − Selbstverantwortlich.

Tab. 1.1 Bezug der Projektphasen zwischen Projektmanagement im Allgemeinen (Lehrprojekt/studentisches Projekt) und Projektmanagement für Lehrende (Gesamtprojekt/ Metaprojekt)

Projektmanagement im Allgemeinen Kap. 2 (Lehrprojekt)	Projektmanagement für Lehrende Kap. 4 (Metaprojekt)
Definition und Start Abschn. 2.1	Akquisition und Projektstart Abschn. 4.1
Planung Abschn. 2.2 Abschn. 2.3	Planung Abschn. 4.2
Organisation Abschn. 2.4	Organisation Abschn. 4.3
Durchführung Abschn. 2.5	Durchführung Abschn. 4.4
Abschluss Abschn. 2.6	Abschluss Abschn. 4.5

Beispiel

Ein Umfang von 30 h pro Person kann als ein Block (dreimal 10 h),eine Woche (fünf Tage à sechs Stunden) oder ein Semester (15 Tage à zwei Stunden) geplant werden.

1.4 Übersicht

In Kap. 3 wird die Projektmethode als Metaprojekt, in Kap. 2 und Kap. 4 werden die (studentischen) Projektphasen jeweils aus unterschiedlichen Blickwinkeln betrachtet (Tab. 1.1).

► Sie kennen nun die Voraussetzungen für den Einsatz von Projekten in der Lehre und die Projekte aus Sicht der Lehrenden und Lernenden.

Kurze Zusammenfassung von Projektmanagement

2

▶ Die folgende Einführung fasst das Fach „Projektmanagement" kurz zusammen: Zum einen als Basis für das eigene Verständnis aber auch der Notationen und zum anderen als Basis für eine Unterrichtseinheit „Projektmanagement" für Studierende, welche Projekt in einer allgemeinen Lehrveranstaltung durchführen, aber selbst noch keine Vorkenntnisse zum Projektmanagement haben.

▶ **Projektmanagement**

Projektmanagement ist nach DIN 69901 die Gesamtheit von Führungsaufgaben, -organisation, -techniken und -mittel für die Abwicklung eines Projekts.

Ein Projekt zu managen ist die Hauptaufgabe des Projektleiters, wobei die anderen Teammitglieder ebenso Kenntnisse über Projektmanagement besitzen müssen (vgl. Zell 2007). Der Projektlebenszyklus gliedert sich in folgende wesentliche Projektphasen; Projektdefinition und -start, Projektplanung und -strukturierung, Zeitplanung, Projektorganisation, Projektdurchführung und -controlling, Projektcontrolling und -durchführung, Projektabschluss. Die einzelnen Projektphasen können sich zum Teil überlagern. Projektmanagement stellt eine Vielzahl von Methoden und Instrumente zur Verfügung.

▶ Wer Projekte in der Lehre einsetzen will, sollte die Prinzipien des Projektmanagements beherrschen und die Grundlagen und Methoden vermitteln können (vgl. Rummler 2012).

© Springer Fachmedien Wiesbaden 2015
U. Holzbaur, M. Bühr, *Projektmanagement für Lehrende*, essentials,
DOI 10.1007/978-3-658-09060-9_2

2.1 Projektdefinition und -start

In der Definitionsphase werden Entscheidungen getroffen, welche den Erfolg des Projekts beeinflussen. Ein gut geplanter Projektstart ist die Basis darauffolgender Phasen. Die Konsequenzen (Kosten) von Fehlern werden umso gravierender, je länger der Zeitpunkt von Fehlerursache und Fehlerentdeckung auseinanderliegt.

Das Projektteam muss beim Projektstart die Arbeitsziele (Vision und Mission, generelle und spezifische Inhalte, zeitlicher Rahmen), die Verteilung der erforderlichen Rollen und Funktionen sowie die Regeln der Kommunikation und Berichterstattung gemeinsam klären. Aus den vereinbarten Arbeitszielen folgt die Festlegung eines gemeinsamen Projektdreiecks aus Sicht von Anspruchsgruppen (Stakeholdern) und dem Projektteam.

Projektplan

Die Projektplanung wird zu Beginn festgelegt und strukturiert. Hier ist es besonders wichtig, einen guten Ausgleich zwischen einer exakten und einer flexiblen Planung zu schaffen, da die zukünftigen Aufgaben und Aufwände noch nicht bekannt sind. Deshalb muss neben der Planung auch die Verfeinerung der Planung betrachtet werden.

Stakeholderanalyse

Für den Projekterfolg ist es wichtig den Kunden und seine Anforderungen an das Projekt zu kennen. Im Projekt geht es dabei nicht nur um den eigentlichen Kunden, sondern auch um viele andere Anspruchsgruppen (Stakeholder) des Projekts. Dies können sein: Kunde und Auftraggeber, Ressourcengeber oder Unterstützer. Generell stellen sich bei der Analyse der Anspruchsgruppen (Stakeholder) die Fragen:

• Wie sind sie vom Projekt betroffen?
• Welche Möglichkeiten der Einflussnahme haben sie? (Tab. 2.1)

Tab. 2.1 Stakeholderanalyse

Anspruchsgruppe (Stakeholder)	Interesse	Anforderung	Einfluss/Beitrag

Tab. 2.2 Anforderungsanalyse

Nr.	Anforderung	Anspruchsgruppen (Stakeholder)	Kriterium/Quantifizierung
Die Erfassung (durch wen, wann, mit wem) muss dokumentiert werden.			

Anforderungsanalyse

Anforderungen an das Projekt werden formal durch den Auftraggeber im Lastenheft zusammengestellt. Das Team fasst alle Anforderungen im Pflichtenheft zusammen und klärt diese mit dem Auftraggeber ab. Neben den Anforderungen an das Ergebnis sind auch die Projektanforderungen zu berücksichtigen (Tab. 2.2).

2.2   Projektplanung und -strukturierung

Wichtigste Hilfsmittel der Projektplanung sind der Arbeitsstrukturplan und der Terminplan, zum Beispiel in Form eines Gantt-Diagramms.

Arbeitsstrukturplan und Arbeitspakete

▶   Der Arbeitsstrukturplan (Work Breakdown Structure, kurz: WBS) gliedert die Gesamtaufgabe hierarchisch in Arbeitspakete. Er ist die wichtigste Basis für die Planung eines Projekts.

Er wird im Allgemeinen, wie in der nachfolgenden Abbildung Abb. 2.1, grafisch mittels einer hierarchischen Kästchenstruktur wie bei einem Organigramm oder in einer halbgrafischen Darstellung durch eingerückte Listen bzw. durch Einrücken des Textes dargestellt. Diese Gliederung ist wichtig für die:

- Ressourcenplanung
- Zuordnung von Verantwortung
- Vergabe von Aufträgen
- Aufstellung der Zeit- und Terminpläne
- Planung und Kontrolle.

Arbeitspakete sind die Elemente eines Arbeitsstrukturplans. Sie werden oftmals nach einer Dezimalstruktur nummeriert. Folgende Kriterien sollte ein sinnvolles Arbeitspaket erfüllen:

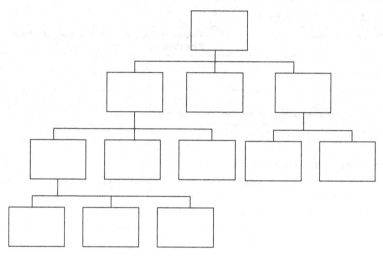

Abb. 2.1 Prinzipskizze Arbeitsstrukturplan

- konkret definierte Ziele und Aufgaben
- konkret definiertes Ergebnis
- konkret definierte Voraussetzungen
- zuordenbar an eine Person oder an eine einfach zu definierende Gruppe.

Aufstellen des Arbeitsstrukturplans
Im Arbeitsstrukturplan wird die gesamte innerhalb eines Projekts zu leistende Arbeit in Arbeitspakete heruntergebrochen. Dabei kann sich diese Aufteilung an verschiedenen Prinzipien orientieren. Man kann einen Arbeitsstrukturplan (auch auf den verschiedenen Ebenen) gliedern nach:

- Phasen (Vorbereitung, Entwurf, Durchführung, Produktion, Dokumentation, Auslieferung)
- Tätigkeiten (Entwerfen, Produzieren, Experimentieren, Schreiben, Planen, Kommunizieren)
- Ergebnissen (Spezifikation, Teilergebnis, Entscheidung, Dokument)
- Produkte und Komponenten (Teilgeräte, Komponenten, Materialien).

Die Arbeitspakete der obersten Ebene werden wieder verfeinert, indem man die Aufgabe weiter in Teilaufgaben zerlegt. Für das Aufstellen des Arbeitsstrukturplans sollte man zunächst viel mit Bleistift und Papier oder einem flexiblen Werkzeug arbeiten.

Im Allgemeinen wird der aufgestellte Plan mehrmals modifiziert bis er eine solide Basis für die Planung abgibt. Auch wird der Arbeitsstrukturplan im Laufe der Zeit detailliert und verändert. Der Arbeitsstrukturplan sollte anfänglich ca. ein Dutzend Arbeitspakete (aller Ebenen) enthalten und im Laufe der Planung wachsen. Durch die detailliertere Planung nimmt entsprechend die Größe der Arbeitspakete bis auf die Größenordnung von einem Personentag (zwei Personen vier Stunden) ab.

Arbeitspaketstruktur für eine empirische Projektarbeit

- Management
  - Koordination intern
  - Stakeholdermanagement (Management der Anspruchsgruppen)
  - Projektmanagement
  - Qualitätssicherung
- Vorbereitung
  - Recherche, Literaturbeschaffung
  - Gliederung
  - Entwurf
  - Aufbau und Infrastruktur
- Durchführung
  - Experimente, Tests, Befragung, Berechnung
  - Auswertung
  - Tests und Verifikation der Ergebnisse
- Formulierung des Ergebnisses
- Abschluss
  - Erstellung Abschlussdokumentation
  - Abschlusspräsentationen (Prüfer, Kunden).

Verantwortung
Eine wichtige Aufgabe ist die Zuordnung der Verantwortung für die Arbeitspakete. Diese funktionale Verantwortung bedingt keine Hierarchie, sondern die Verantwortung und Kompetenz für die Entscheidungen zur erfolgreichen Abarbeitung der Arbeitspakete.

▶ **Eskalationsprinzip** Entscheidungen sollten im jeweiligen Arbeitspaket getroffen werden. Ist keine Lösung oder Einigung möglich, ist die nächsthöhere Ebene einzuschalten.

Aufwandsschätzung

Die Aufwände für das gesamte Projekt bzw. für jedes Arbeitspaket ist immer die Summe der Aufwände aller Teilpakete. Dabei ist es wichtig, die Aufwände und die vorhandenen Ressourcen realistisch einzuschätzen. Basis der Kostenschätzung ist das Produkt aus Zeit · Personal, also das Personen-Jahr (Pa), der „Mann-Monat", der Personen-Tag (PTg) oder die Personen-Stunde (Ph).

Eine wichtige Grundlage dafür ist, Aufwände und Ressourcen mit demselben Maßstab zu messen, also entweder Arbeitstage oder Stunden zu verwenden. Eine Schätzung mit Stunden verführt leicht dazu, die Netto-Arbeitszeit (produktive Arbeitszeit) aufzuaddieren und „Ressourcenfresser" zu vergessen. Die Schätzung in Tagen verführt dazu kleine Arbeiten zu überschätzen.

2.3 Zeitplanung

Das Erstellen des Zeitplans kann mithilfe der Netzplantechnik oder aufgrund einer Phaseneinteilung geschehen. Dabei sollte die Planung von der zu erledigenden Arbeit aus erfolgen, das heißt zunächst werden die Zeiten geschätzt und dann die Termine bestimmt. Wenn der so bestimmte Termin zu spät liegt, muss die Planung im Rahmen des Projektdreiecks modifiziert werden z. B. (Reduktion der Aufgabe, Abstriche beim Ziel, Terminverschiebung, Zukauf von Teilen oder Leistungen, Einbindung weiterer Mitarbeiter). Durch dieses Vorgehen werden schon in den frühen Phasen mögliche Probleme erkannt und vermieden. Die Schätzung anhand vorgegebener (Präsentations-)Termine ergibt dagegen häufig unausgewogene Planungen.

▶   Die Zeit ist bei Projekten das offensichtlich kritischste: Ein Terminverzug in der Fertigstellung ist für alle Beteiligten erkennbar.

Netzplan

Auf der Basis des Arbeitsstrukturplans kann ein Netzplan erstellt werden. Dazu ist der Arbeitsstrukturplan allerdings so zu gliedern, dass die verwendeten Arbeitspakete konkret definierte Zeitabschnitte haben.

▶   Der Netzplan baut auf folgenden Prinzipien auf:
- Es gibt eine Nachfolger-Beziehung zwischen Vorgängen
- Eine Tätigkeit kann erst begonnen werden, wenn alle Vorgänger abgeschlossen sind
- Nachfolger und Vorgänger können nicht parallel ausgeführt werden.

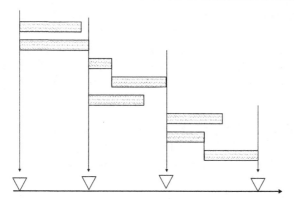

Abb. 2.2 Prinzipskizze Gantt-Diagramm

Eine übliche Darstellung von Abläufen ist das Gantt-Diagramm. Es baut auf dem
Netzplan auf und legt die Termine fest (Abb. 2.2).

Phasenkonzepte
Phasenmodelle dienen der konzeptuellen Gliederung des Projektverlaufs. Phasen
beschreiben einen Teil des Projekts, in dem ein spezieller Typ von Tätigkeit durchgeführt wird. Am einfachsten ist ein Wasserfallmodell aufeinanderfolgender Phasen: Das Ergebnis der Phase wird dann in der folgenden Phase weiterverwendet.
Meilensteine schließen Phasen ab und starten die neue Phase.

Meilensteine
Aus dem Netzplan oder dem Phasenkonzept kann ein Meilensteinplan erstellt werden. Meilensteine müssen immer mit deren Ergebnis oder Kriterium definiert sein.

▶ Das Setzen und Überprüfen der richtigen Meilensteine ist die
   Voraussetzung für eine erfolgreiche Projektabwicklung (Tab. 2.3).

Tab. 2.3 Planungsformular für phasenbasierte Planung

Bezeichnung der Phase	Tätigkeit und Ergebnis	Beginn (Termin, Meilenstein)	Ende (Termin, Meilenstein)	
Planersteller, Termin der Erstellung und Aktualisierung				

2.4 Projektorganisation

Projekte benötigen eine Organisationsstruktur, damit die Zusammenarbeit der Teammitglieder koordiniert, die Ressourcen und Aufgaben verteilt und anstehende Entscheidungen gefällt werden können. Bei der Projektorganisation unterscheiden wir:

- Aufbauorganisation: Wer macht was? Struktur und Zuordnung von Aufgaben und Verantwortung (Projektstrukturplan)
- Ablauforganisation: Wie passiert was? Zeitliche und logische Aspekte von Abläufen (Projektablaufplan)

Organisationsformen
In der Theorie gibt es unterschiedliche Organisationsformen bezüglich der Einbindung des Projekts in die Linienorganisation des Unternehmens: die Einflussorganisation, die Matrixorganisation und die reine Projektorganisation. Im Studium sieht das meist anders aus: Mehrere KommilitonInnen finden sich durch Sympathie, das Thema oder das Los zusammen und bearbeiten ein Projekt im Team als eine von mehreren Aufgaben im Semester.

Interne Projektstruktur
Im Projektteam bestehen unterschiedliche Rollen und Aufgaben für die Mitglieder. Der Projektleiter trägt die Verantwortung für das gesamte Projekt und hat somit folgende Aufgaben:

- Prozess steuern
- Kommunikation nach innen und außen
- Konflikte managen
- Ergebnisverantwortung tragen
- Team führen
- Kontaktperson zu Vorgesetzten
- Qualitätssicherung usw.

Teammitglieder haben folgende Verpflichtungen:

- Teambesprechungstermine einhalten
- Terminierte Aufgaben erledigen
- Ergebnisse für Besprechungen aufbereiten
- Konstruktiv mitarbeiten

- Projektleitung und die anderen Teammitglieder unterstützen
- Funktionen wie Moderator oder Protokollant von Teambesprechungen übernehmen.

Ablauforganisation und Berichtswesen
Das Projekt ist eine mögliche Form der Ablauforganisation. Trotzdem muss innerhalb des Projekts der Ablauf festgelegt werden. Im Vordergrund steht die Frage „WER macht WANN WAS"?
Für den Erfolg des Projekts sind Informationen entscheidend. Informationswege im Projekt betreffen die Kommunikation unter den Teammitgliedern und das Berichten bei Projektbesprechungen im Projekt.

Projektkultur
Projektkultur besteht aus den gemeinsamen Werten sowie aus möglich unterschiedlichen Annahmen und zeigt sich in der Aufgabenbearbeitung sowie Kommunikation. Der Aufbau einer gemeinsamen Projektkultur ist für den Erfolg wichtig. Interkulturelle Faktoren sind nur ein Aspekt davon. Kulturelle Unterschiede im Team können kritisch für den Erfolg sein. Die Projektleitung und alle Beteiligten müssen sich dessen bewusst sein.

2.5 Projektcontrolling und -durchführung

Für einen erfolgreichen Projektabschluss ist es wichtig, den Projektfortschritt und die Projektanforderungen während der gesamten Projektdurchführung zu überwachen. Für das Controlling ist es wichtig, dass messbare quantitative Größen als Basis der Steuerung vorliegen. Für das Qualitätsmanagement und den Projekterfolg sind die qualitativen und quantitativen Anforderungen an das Projektergebnis wichtig. Die in der Planungsphase gemachten Aufwandsschätzungen werden im Laufe der Zeit genauer. Das Projekt wird regelmäßig dem aktuellen Informationsstand angepasst.

Terminüberwachung
Die Meilensteintrendanalyse ist eine Methode zur Überwachung des Projektfortschritts. Dazu werden zu jedem Überwachungstermin die neu geschätzten Erreichungstermine für die jeweiligen Meilensteine eingetragen und grafisch verbunden. Hier wird die geplante Erledigung des Meilensteins der realisierten Erledigung des Meilensteins gegenübergestellt. Der Projektfortschritt ist so auf einen Blick erkennbar (Abb. 2.3).

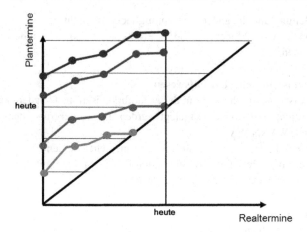

Abb. 2.3 Meilensteintrendanalyse

Ressourcencontrolling

Bei der Ressourcenüberwachung ist es wichtig, nicht nur die verbrauchten Ressourcen (angefallene Kosten, verbrauchte Arbeitszeit) mit dem Plan zu vergleichen, sondern den bereits festgelegten Ressourcenbedarf im Blick zu behalten. Dabei reicht der Vergleich von angefallenen und geplanten Kosten als Projektüberwachung nicht aus, da eine Abweichung unterschiedliche Gründe haben kann, wie beispielsweise Krankheit von Teammitgliedern.

Die Arbeitswertanalyse (Earned Value Analysis, kurz: EVA) bewertet jedes Arbeitspaket mit dem geplanten Aufwand (Kosten) und bestimmt den aktuellen Arbeitswert des Projekts als Summe der Arbeitswerte der bereits abgearbeiteten Arbeitspakete. Dieser Arbeitswert wird den aktuellen Kosten gegenübergestellt.

► Da in Projekten der Personalaufwand meist die wichtigste Ressource ist, sollte auch die Arbeitswertanalyse in Personenstunden durchgeführt werden.

Projektsteuerung

Im Rahmen des Projektdreiecks ist jeder der drei Eckpunkte zu überwachen und zu steuern. Die Überwachung wird erleichtert, wenn man die Schätzungen auf Arbeitspaket-Ebene durchgeführt hat und dort auch kontrollieren kann:

- Termine: Meilensteine und Zeitabschnitte im Zeitplan
- Ressourcen: Kosten und Aufwände als Summe der Mittel der Arbeitspakete (AP)
- Qualität: Performance und Qualitätsmerkmale

Durch Probleme in der Projektabwicklung oder geänderte Forderungen der Anspruchsgruppen (Stakeholder) kann es vorkommen, dass Änderungen notwendig werden. Dabei könnten folgende Gründe eine Rolle spielen:

- Änderungen in den Wünschen der Auftraggeber und Projektbeteiligten
- Ausgleich zwischen den Anforderungen im Projektdreieck
- Festgestellte Probleme in der Umsetzung von Vorgaben.

2.6 Projektabschluss

Die Projektabschlussphase ist üblicherweise die kürzeste Phase im Projekt und umfasst die Erfüllung des Auftrags und die Auswertung der Projektarbeit. Hierbei müssen auch die gemachten Erfahrungen analysiert und dokumentiert werden (vgl. Zell 2007). Einige Aufgaben in dieser Phase:

- Auftragsabnahme
- Projektteam auflösen und Sachmittel zurückgeben
- Projektabrechnung
- Abschlussbericht
- Projekt archivieren
- Intern: Lessons learned dokumentieren
- Projektabschlusssitzung.

▶ Sie kennen nun Projektmanagement als Basis für das studentische Projekt und für Ihr Gesamtprojekt (Metaprojekt).

Die Projektmethode PPM

3

▶ Die Projektmethode umfasst nicht nur die von Studierenden zu bearbeitenden Projekte, sondern das Gesamtprojekt des Lehrenden (Metaprojekt) von der Projektidee und Projektauswahl bis zur Evaluation und Benotung (Holzbaur 2010) sowie den Einsatz des Lernens von Student zu Student.

▶ **PPM** Die Methode PPM (Prepared Projects Method) umfasst das Gesamtprojekt des Lehrenden (Metaprojekt) und die Projekte der Studierenden (Abb. 3.1).

Die Projektaufgaben
Die Phasen des Metaprojekts sind umfangreicher als die des studentischen Projekts:

- Akquisition und Definition
- Planung
- Projektstart und Vergabe
- Begleitung und Betreuung
- Abschluss und Abgabe
- Bewertung und Benotung
- Ergebnissicherung und Folgeprojekte.

Die einzelnen Projektaufgaben werden in Kap. 4 umfassender beschrieben.

© Springer Fachmedien Wiesbaden 2015
U. Holzbaur, M. Bühr, *Projektmanagement für Lehrende*, essentials,
DOI 10.1007/978-3-658-09060-9_3

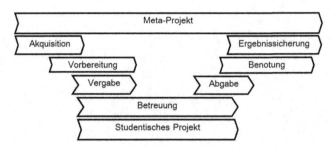

Abb. 3.1 Zusammenhang zwischen Metaprojekt und studentischem Projekt

3.1 Projektmethode

Ziel der Methode ist für jede beteiligte Anspruchsgruppe einen Nutzen zu generieren. Für die Kunden ist dies das Projektergebnis, für die Lehrenden eine interessante und erfolgreiche Lehre, für die Studierenden die Erfassung des Lernstoffes und für die Hochschule die Reputationen und die Projektergebnisse (Abschn. 1.2).

Projekte als Lehrmethode
Projektbasierte Lehre ist eine geeignete Methode um Grundlagenwissen und -methoden in der Praxis anwenden und vertiefen zu können sowie berufsbezogene Kompetenzen zu vermitteln. Studierende lernen in einer sicheren Umgebung zielorientiertes und verantwortungsbewusstes Handeln (vgl. Rummler 2012). Neben dem Erlernen von Handlungskompetenzen wird die Theorie der Lehrveranstaltung in erlebnis- und zielorientierten Projekten angewandt. Lernziele der Projektmethode sind (vgl. Holzbaur und Venus 2013):

• Projektmanagement und die Durchführung von Projekten
• Inhalte der jeweiligen Lehrveranstaltung.

Erlebnisorientierung

> Erzähle mir und ich vergesse.
> Zeige mir und ich erinnere mich.
> Lass es mich tun und ich verstehe.

Nach diesem Zitat von Konfuzius (553–473 v. Chr.) werden durch, wie bei der Projektmethode PPM, das persönliche Erleben Lerninhalte besser aufgenommen. Durch eigene Bearbeitung und Reflexion der Projekte werden Schwierigkeiten und Zusammenhänge erkannt und verinnerlicht.

▶ Erlebnisorientierung ermöglicht dem Lernenden, sich die Inhalte durch eigenes Erleben anzueignen und zu vertiefen.

Wichtig ist dabei, dass der Lernende die Lernsituation als realistisch akzeptiert und bereit ist, in dieser Situation das gegebene Problem zu lösen. Dies gilt gleichermaßen für Computerspiele, Ausbildungssimulatoren und Planspiele. Die realistische Akzeptanz unterscheidet eine erlebnisorientierte Situation von einer Typischen Fallstudie. Verstärkt und unterstützt wird die Erlebnisorientierung durch die folgenden Konzepte:

- Entscheidungsorientierung: Der Lernende muss aufgrund des bis jetzt Erfahrenen in begrenzter Zeit eine Entscheidung treffen.
- Handlungsorientierung: Der Lernende muss aufgrund des bis jetzt Gelernten und der getroffenen Entscheidungen in der gegebenen Situation aktiv werden.
- Verantwortung: Der Lernende muss seine getroffenen Entscheidungen begründen und die Verantwortung für seine Handlungen übernehmen. Dies kann sich auf reale Konsequenzen, aber auch auf virtuelle Situationen (Planspiele) beziehen (Holzbaur 2010).

Planspielcharakter
Ein Planspiel besteht aus einer Ausgangssituation und einer durch Computer, Regeln oder externe Einflüsse gegebenen Dynamik, in der Entscheidungen getroffen werden müssen (Holzbaur und Marx 2011).

Die Dynamik im Projekt wird durch die Projektphasen, die Präsentationen, die Interaktionen (Kontakte) mit den Anspruchsgruppen (Stakeholdern) und die vom Dozenten gegebenen Informationen wesentlich gesteuert. Diese Dynamik wird im Vorfeld bereits betrachtet und eingeplant. Dadurch wird der Nutzen aus dem Projekt (Praxis) deutlich verbessert und der zu vermittelnde Lehrstoff (Theorie) besser in das Projekt integriert.

3.2 Projektportfolio

▶ **Projektportfolio** Das Projektportfolio ist die Gesamtheit der Projekte im Semester.

Das Projektportfolio sollte den Lernstoff und die zu erlernenden fachlichen, methodischen und sozialen Kompetenzen der jeweiligen Lehrveranstaltung abdecken (Tab. 3.1). Mögliche Aspekte im Projektportfolio:

Tab. 3.1 Exemplarisches Projektportfolio (Thema Nachhaltige Entwicklung)

	Umwelt	Ressourcen	Soziales	Wirtschaft	Globales
Hochschul-intern	Green University		Projekt Bar-rierefreiheit	Umfrage zu Existenz-gründung	Konzeptent-wicklung Fairtrade University
Wirtschaft allgemein		Recycling als Wirtschafts-faktor	Ausbil-dung und Migration	Supply Chain Management	
Industrie	Umfrage zu Relevanz Umwelt für Kaufverhal-ten	Energie-einsparung Firma XY			
Museen	Ökobilanz XY-Museum	Ressour-cen und Wirtschaft als Thema im Urweltmu-seum	Preisgestal-tung der Museen		Globalisierung und Kolonia-lisierung im Historischen Museum
Stadt	Umweltma-nagement für Schulen	CO2-Bilanz Stadtfest		Website zur Regionalver-marktung	

- Projektmanagement: Unterschiedliche Anspruchsgruppen (Stakeholder) und Kunden, Aufgabentypen (Analyse, Entwicklung, Synthese, Forschung), verschieden stark strukturierte Aufgaben.
- Nachhaltige Entwicklung: die drei Säulen der Nachhaltigkeit Ökologie, Ökonomie und Soziales oder regionale und globale Aspekte.

3.3 Kommunikation zwischen den Projektpartnern

Die Kommunikation zwischen den Projektpartnern ist während des Verlaufes eines Semesters und im Metaprojekt mit unterschiedlichen Schwerpunkten ausgeprägt.

- Bei der Akquise und Projektdefinition ist der Dialog zwischen den Lehrenden und Stakeholdern wichtig.
- Bei der Projektarbeit steht der Dialog zwischen Studierenden und Stakeholdern im Vordergrund.

- Bei der Projektbearbeitung ist die Kommunikation innerhalb des Teams ein zentraler Erfolgsfaktor.
- Während der Bearbeitung ist der Dialog zwischen Projektteam und Lehrenden als Betreuer und Projektpromotor wichtig.
- Zum Projektabschluss tritt die Kommunikation zwischen Studierenden, Kunden und Presseabteilung (Hochschule/Partner) in den Vordergrund.

Die einzelnen Phasen der Metaprojektkommunikation:

- Lehrender – Kunde: Akquise und Projektplanung
- Lehrender – studentisches Team: Vergabe
- Kunde – studentisches Team: Genaue Projektdefinition, Erstellen eines Pflichten- und Lastenheftes
- Lehrender – studentisches Team: Begleitung des Projektprozesses durch den Lehrenden als Coach, Betreuer und Lehrer
- Studentisches Team – Kunde: Abschlussbericht und Ergebnisübergabe
- Studentisches Team – Lehrender: Abschlusspräsentation und Abgabe
- Studentisches Team – Lehrender (mit Einbindung Kunde und Presseabteilung von Hochschule oder Kunde): Erstellen eines Presseberichtes
- Lehrender – Kunde: Rückmeldung über Projekterfolg und eventuelle Anschlussprojekte.

Durch die Lehrenden muss ein ständiger Dialog mit den Anspruchsgruppen gefördert werden. Diese Projektkommunikation ist oft Auslöser von neuen Projekten (vgl. Bühr et al. 2013, Abb. 3.2).

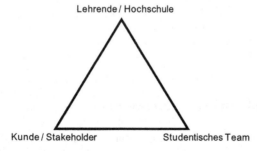

Abb. 3.2 Kommunikation mit den Stakeholdern

Stakeholdermanagement

Die Öffentlichkeitsarbeit (Pressebericht) wird als Strategie zur Projektdefinition und zur Kundengewinnung eingesetzt. Die daraus entstehende Kommunikation positiver Projektergebnisse führt zur höheren Nachfrage an Projektarbeiten in Zusammenarbeit mit der Hochschule. Die Ergebnisse der studentischen Projekte leisten meist einen wesentlichen Beitrag zum Transfer der Projektergebnisse in die Gesellschaft. Dabei haben Presseberichte eine wichtige Multiplikatorwirkung in den und über die definierten Zielgruppen hinaus (vgl. Bühr et al. 2013). Ebenso ist die Pflege des vorhandenen Kundennetzwerkes zur Akquise von Projektthemen notwendig.

3.4 Kulturelle Aspekte

Kultur

Das Wort „Kultur" stammt vom lateinischen „cultura" ab. Dabei ist ein zentraler Aspekt des Kulturbegriffes das „vom Menschen Gemachte" bzw. „gestaltend Hervorgebrachte" im Gegensatz zur „Natur".

Durch unterschiedliche Lebensweisen können sich Kulturen sehr stark voneinander unterscheiden. Daher prägt die Kultur die menschlichen Verhaltensweisen und auch die von Organisationen (Schein 2004). Unterschiedliche Kulturen entstehen nicht nur durch Nationen oder Religionen sondern ebenso durch soziale und berufliche Einflüsse, Studienrichtungen, Lebenssituationen und Lebensstile.

Teamkultur

Besonders bei der Zusammensetzung der Teammitglieder aus unterschiedlichen Kulturen (Landsmannschaften, Religionen, Fachgebiete) sollte der Lehrende über ein Grundwissen der kulturellen Unterschiede verfügen. Es muss ihm bewusst sein, dass Teamkonflikte aufgrund von Unterschieden in der Arbeitskultur und Lebenskultur entstehen können. Als Fundament einer zielorientierten Projektbearbeitung ist eine wertschätzende Kommunikation aller Projektbeteiligten zu sehen.

3.5 Einbindung in das Curriculum

Projektbasierte Lehre ist bis heute nur selten in den Ausbildungsordnungen und Lehrplänen zu finden. Projekte können begleitend zu den traditionellen Methoden oder als alleinige Methode eingesetzt werden (vgl. Holzbaur und Venus 2013).

▶ Um Studierenden die Möglichkeit zu geben, ihre Studiensemester als Projekt vom jeweiligen Semesterbeginn bis zu den jeweiligen erfolgreichen Prüfungen zu sehen und ihnen das Handwerkszeug für die praktische Arbeit zu geben (Holzbaur 2014), ist es sinnvoll, die Lehrveranstaltung Projektmanagement im Curriculum in der Studieneingangsphase zu verankern. Damit erhält die Lehrveranstaltung Projektmanagement einen Grundlagencharakter und eine Servicefunktion gegenüber den Lehrveranstaltungen höherer Semester. Ergänzend dazu kann ein fachübergreifendes Projekt in den Abschlusssemestern die im Studium erworbenen Kompetenzen nutzen.

Die Curricula sollten aus diesem Grund weiterentwickelt werden, um solche innovativen Lehrformen zu ermöglichen. Projekte müssen so eingebunden werden, damit sie der jeweiligen Studien- und Prüfungsordnung (SPO) entsprechen.

3.6 Zielorientierung

▶ Das Ziel eines Projekts an der Hochschule ist zum einen ein konkretes Ergebnis (Entwicklung, Konzeptentwicklung, Implementierung) und zum anderen eine Erkenntnis.
Erkenntnisse splitten sich wiederum in:
- Lerninhalte über Projektmanagement und die jeweilige Fachkenntnisse der Lehrveranstaltung
- Wissenszuwachs über wissenschaftliche Erkenntnisse (wissenschaftliches Arbeiten)
- Lessons learned als individuelle und gruppenbezogene Reflexion der Studierenden.

Das Projektziel (angestrebtes Ergebnis) definiert sich durch die:

- Vision (zukünftiger Zustand der Welt, Effekte des Projekts)
- Mission (zu erledigende Aufgabe)
- Deliverables (abzuliefernde Leistungen bzw. Produkte).

Vision
Im Zusammenhang mit Projektmanagement bedeutet Vision, die Vorstellung von einem zukünftigen angestrebten Zustand. Die resultierenden Fragen zur Vision

wie: „Was verändert/verbessert sich durch das Projekt?" und „Wo werden wir stehen?" werden auch in der Vorformulierung des Presseberichtes aufgezeigt.

Mission
Die Mission ist die Aufgabenstellung zum erfolgreichen Erlangen des Projektergebnisses. Hierunter zählen alle Tätigkeiten, abzuliefernde Ergebnisse (Deliverable Items) sowie eine klare Abgrenzung der Tätigkeitsfelder. Fragen wie: „Was ist zu tun?" und „Was werden die Erfolgskriterien sein?" sollten hier beantwortet werden.

Deliverables

▶ Deliverables sind geforderte und zugesagte Leistungen als Ergebnis des Projekts für den Kunden, Lehrenden und die Hochschule.

Der Definition zur Folge sind Deliverable Items abzuliefernde Ergebnisse, welche je nach Art des Projekts ein physisches Objekt (Produkt) oder eine Datei auf Datenträger, ausgedruckt oder per E-Mail sein können. Zu den geforderten Ergebnissen gehören immer:

- Ergebnisdokumentation und eventuell physische Produkte (zum Beispiel Prototypen)
- Projektdokumentation mit eventuell erhobenen Daten/Messungen und Auswertungen
- Poster und Pressebericht
- Dokumentation über gewonnene Erkenntnisse (Lessons learned).

Erkenntnisse
Im Allgemeinen ist die Gewinnung von Erkenntnissen ein wichtiges Ziel einer studentischen Projektarbeit. Kenntnisse sind laut Duden „durch geistige Verarbeitung von Eindrücken und Erfahrungen gewonnene Einsichten". Eine Dokumentation über die gewonnenen Erkenntnisse nach wissenschaftlichen Standards gehört zum Umfang der Deliverable Items.

Lessons learned
Erkenntnisse können unter anderem durch die Evaluation der Projekte erreicht werden. Hierin werden Fragen wie „Was habe ich beim Projekt gelernt?", „Welche Frage wird durch das Projekt beantwortet?" oder „Welche Kompetenzen habe ich verstärkt oder gewonnen?" beantwortet.

Ergebnissicherung
Durch die Öffentlichkeitsarbeit ist eine grundlegende Ergebnissicherung gewährleistet. Die Wirkung der Projektergebnisse endet nicht mit dem abschließenden Pressebericht. Die lang anhaltende Wirkung und die später eintretenden Effekte erfordern, im Gegensatz zum Projektabschlussbericht, eine entsprechende Nachbereitung um die Rolle der Hochschule und der Studierenden entsprechend zu würdigen. Auch die Ergebnispräsentation beim Kunden, Reflexion und Archivierung der Projekte sind Teil der Ergebnissicherung.

3.7 Arbeitsaufwand und Kosten

Die Betrachtung des Aufwands für Lernende und Lehrende ist ein wichtiges Kriterium. Häufig ist der hohe Aufwand auch ein Hinderungsgrund für den Einsatz von Projekten in der Lehre. Auf jeden Fall muss der Aufwand für Lehrende und Lernende realistisch eingeschätzt werden.

Projektseitige Aufwände der Studierenden
Die Bewertung der Arbeitsbelastung und der Aufwand für den Studierenden wurden durch den Bologna-Prozess verankert und dadurch transparenter. Die Arbeitsbelastung liegt gemäß den Befragungen für die Studierenden sehr gut in dem durch die Credit Points vorgegebenen Rahmen. Dies liegt nicht nur an den gut vorbereiteten Projekten, sondern auch daran, dass die studentischen Teams ihren Arbeitsaufwand in der Planung entsprechend anpassen (vgl. die Darstellung zu Entwicklungsprojekten in Holzbaur, 2007b). Gruppenintern sollten die Aufwände, trotz unterschiedlicher Aufgaben, gleichmäßig verteilt werden.

Aufwand für den Lehrenden
Ein großer Teil des Aufwandes ist durch die ausführliche Vorbereitung der Projekte bei Semesterbeginn abgeschlossen. Der Betreuungsaufwand der Projekte ist stark von der Studentenzahl abhängig. In der Messung des Aufwandes über Semesterwochenstunden (SWS) wird weder die Verfügbarkeit von Tutoren und Assistenten noch die Anzahl der Projekte, den Aufwand für die Projekte, die Größe der Semester oder die Anzahl der zu betreuenden Studierenden berücksichtigt. Allerdings kann durch die Modulbeschreibungen eine Skalierung von studentischer und professoraler Workload vorgenommen werden (Relation zwischen Vorlesungszeit und Betreuungszeit).

Tab. 3.2 Exemplarische Modulbeschreibung für projektbasiertes Lehrmodul (5 CP)

Methode	Projektbasierte Lehre		
Benotung		20 % Projektbearbeitung und Dokumentation	
		60 % Inhalt und Reflexion	
		20 % Projektergebnis und Dokumentation	
Arbeitsaufwand	Kontaktzeit	13 · 2 h Vermittlung Lehrinhalte	40 h
		3 · 2 h Projektmanagement	
		3 · 2 h Präsentationen	
		2 · 1 h Individuelle Projektbetreuung	
	Projektorganisation	Projektarbeit	90 h
	Selbststudium	Theorie	20 h
	Summe	5 credit points	150 h

Ein offener Umgang mit Aufwänden ist wichtig. Projekte sind „nicht-routine" und damit auch im routinemäßigen Deputatsbegriff nicht abbildbar, das heißt Hochschulstrukturen, Leitung und Kollegen sowie die Lehrevaluation sind teilweise auf Abweichungen von der Idee „jede Woche viermal 45 min vorlesen" noch nicht vorbereitet. Lehrende müssen die Planung ihrer Lehrveranstaltung in der Modulbeschreibung (Vergleiche Tab. 3.2) entsprechend kommunizieren (Tab. 3.3).

Kalibrierung von Projekten
Zur Kalibrierung von Projekten ist die Balance zwischen

- der Machbarkeit
- den vorhandenen Ressourcen
- dem möglichen Erfolg und
- dem Niveau des Projekts

ein entscheidendes Kriterium für die projektorientierte Lehrmethode.

Tab. 3.3 Exemplarischer Aufwand für das lehrveranstaltungsbegleitende Projekt gemäß Tab. 3.2 (12 Gruppen)

	Inhalt (Vorlesung)	Präsentation	Projektbetreuung	Präsenszeit Dozent
Präsenz-zeiten	16 · 2 h	3 · 2 h	2 · 1 h je Gruppe	62 h
Vor-/ Nachbereitung	2 · 16 · 2 h	3 · 2 h	12 h je Gruppe	214 h
Summe	96 h	12 h	168 h	276 h
Vergleichswert Vorlesung 4 SWS	30 · 2 h + 2 · 30 · 2 h	Prüfung + Korrektur 2 h + 18 h		200 h

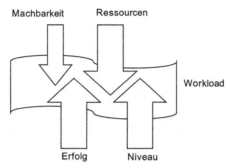

Machbarkeit   Ressourcen

Workload

Erfolg   Niveau

Abb. 3.3 Kalibrierung

Ein weiterer zu beachtender Punkt ist die Planung des gesamten Lehrinhaltes im Projektprotfolio. Durch diese vorausschauende Planung wird die Anpassung der Projekte an den Arbeitsaufwand (Workload) gemäß Studien-und Prüfungsordnung (SPO) gewährleistet (Abb. 3.3).

3.8 Umsetzung der Projektmethode

▶ Die Grundidee bei PPM ist vergleichbar zu der eines Planspiels: Sicherheit aus Sicht der Lehrenden, Unsicherheitsbewältigung aus Sicht der Lernenden.

Studentische Teams erhalten zum Projektstart ein grob definiertes Ziel. Daraus definieren die Studierenden in Abstimmung mit dem Kunden ein genaues Projektziel und eine Aufgabenbeschreibung (Pflichtenheft).

Selbstverständlich leistet der Lehrende für die Ziel- und die Aufgabenfindung nach Bedarf zusätzliche Hilfestellung. Die Aufgabenbeschreibung und die dazugehörende Abgrenzung der Tätigkeitsfelder sind essenziell für den Projekterfolg – auch wenn die Aufgabe erst im Laufe des Projekts genau verstanden und damit dann die Feinplanung gestartet werden kann.

Zum Abschluss des Projekts müssen alle Teams einen Pressebericht abgeben. Das Generieren des Presseberichts dient zu Beginn des Projekts zur eindeutigen Klarstellung der Aufgaben- und der Zieldefinition des Projekts, was zu einer zielorientierten, effektiven Umsetzung führt. Der Pressebericht wird abschließend angepasst und meist publiziert.

Die Ausarbeitung der Projektergebnisse muss wissenschaftlichen Standards wie Quellenarbeit, Quellenkritik, Experimenten oder statistischen Verfahren genügen.

Multiprojektmanagement

Die Umsetzung von PPM erfordert Multiprojektmangement in mehrfacher Hinsicht:

- Das Projektportfolio ist in jedem Semester so zu koordinieren, dass durch Abdeckung aller relevanten Bereiche das Ziel der Lehrveranstaltung erreicht wird und Synergien zwischen den Projekten genutzt werden.
- Mehrere Projekte laufen gleichzeitig mit den gemeinsamen Ressourcen: Studenten, Lehrende, betreuende Assistenten und Infrastruktur (z. B. Computerpools).

Beispiel

Am Beispiel der Projekte des Verfassers beträgt der Aufwand pro Semester (circa 30 Projekte in drei Lehrveranstaltungen):
- Etwa 150 Teilnehmer und in Summe 500 CP studentische Workload = 15.000 h
- Projektvorbereitung und Betreuung für den Lehrenden = 500 h
- Etwa eine drittel Stelle für betreuende AssistentInnen = 300 h
- Insgesamt zwei bis drei studentische Hilfskräfte (40 Stunden) = 300 h.

- Projekte können von Teams aus verschiedenen Semestern gemeinsam bearbeitet werden. Dazu ist eine Projektbeschreibung notwendig, sowie eine Handreichung darüber, in welchen Lehrveranstaltungen welche Schwerpunkte zu setzen sind.
- Größere Aufgaben (Gesamtprojekte) werden zur besseren Übersicht in Teilaufgaben (Teilprojekte) gegliedert. Damit ist eine Koordination der Projekte durch die Lehrenden notwendig.
- Größere Aufgaben (Gesamtprojekte) laufen über mehrere Semester. Durch die zeitliche Verteilung ist eine Koordination durch Lehrende und Projektpartner notwendig.
- Größere Forschungsprojekte laufen über mehrere Semester. Die Integration und Publikation erfolgt durch die Lehrenden in ihrer Funktion als Forscher.

▶   Sie kennen nun die Grundvoraussetzungen für den Einsatz von Projekten in der Lehre und die unterschiedlichen Sichtweisen auf Projekte.

Projektmethode in den Phasen

4

> Im folgenden Kapitel wird Projektmanagement aus Sicht der Lehrenden in den einzelnen Projektphasen dargestellt.

Das gesamte Metaprojekt des Lehrenden mit den einzelnen unterschiedlich ausgeprägten Phasen kann über ein Jahr andauern. Die nachfolgende Übersicht zeigt den relativen Verlauf zum Semesterstart für das studentische Projekt in Woche 0 (Tab. 4.1).

Der Lehrende nimmt als Projektleiter im Metaprojekt und durch seine unterschiedlichen Aufgaben in den einzelnen Phasen verschiedene Rollen ein (Holzbaur 2007b, Abb. 4.1).

Beim Projektmanagement für Lehrende werden die typischen Phasen des Projektmanagements (Projektdefinition und -start, Projektplanung und -strukturierung, Zeitplanung, Projektorganisation, Projektcontrolling und -durchführung, und Projektabschluss) um die Phasen „Akquisition" und „Evaluation" ergänzt.

© Springer Fachmedien Wiesbaden 2015
U. Holzbaur, M. Bühr, *Projektmanagement für Lehrende,* essentials,
DOI 10.1007/978-3-658-09060-9_4

Tab. 4.1 Meilensteinplan Projektmethode

Woche	Maßnahmen
−52	Projektkonzepte und Kontakte mit den Projektpartnern
−29	Projektliste (Vorsemester) mit direkten Folgeprojekten
−11	Detailkonzeption für das kommende Semester
−9	Grobauswahl der Projekte für das kommende Semester
−7	Verfügbarkeit von Ansprechpartnern und Ressourcen
−6	Vorabinformation über anstehende Projekte an Studenten
−2	Abstimmung Projektliste mit erwarteten Studentenzahlen
−1	Evtl. Blockseminar Einführung in Projektmanagement
0	Semesterstart, Vorlesungsbeginn Ankündigung der Themen und Aufgabenstellung
+1	Abstimmung Projektliste mit tatsächlichen Studentenzahlen
+1	Aufgabenstellung, Teamfindung, Themenvergabe
+2	Kick-off-Präsentationen der Teams
+3	Kontaktaufnahme der Teams mit den Projektpartnern
+5	Projektpräsentationen der Teams
+8	Zwischenpräsentationen (Projektcontrolling)
+12	Abschlusspräsentationen beim Partner, Presseberichte
+14	Gemeinsame Abschlusspräsentationen
+16	Regulärer Abgabetermin der Ergebnisse (Noteneingabe)
+17	Evaluierung und Benotung regulär abgegebener Projekte
+23	Nachfolgeprojekte werden eingeplant und gestartet
+26	Nacharbeit, Presseberichte
+52	Langfristige Erfolgskontrolle

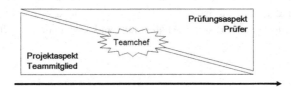

Abb. 4.1 Änderung der Rollen und Funktionen des Lehrenden

4.1 Projektakquisition, -definition und -start

Für den Lehrenden beginnt der Projektstart bereits vor dem eigentlichen Semesterbeginn. Für Hochschulprojekte ist die Vorbereitung des Projekts entscheidend für den Erfolg und für die Eignung als Leistungsnachweis. In der frühen Phase werden viele Probleme noch nicht so intensiv wahrgenommen, daher lassen sich in dieser Phase die Projekte am wenigsten strukturieren und formal beschreiben. Durch unklare oder unvollständige Festlegungen werden später Neuplanungen notwendig. Jedoch können bezüglich aller drei Ecken des Projektdreiecks bereits zu Beginn die Weichen gestellt werden:

- Das Ergebnis wird als Ziel festgelegt. Dies hat Auswirkungen auf die Qualität des Ergebnisses.
- Die Festlegung der Mittel (Aufwand, Kosten) geschieht bereits in den frühen Phasen.
- Insbesondere ist die zu Verfügung stehende Zeit gründlich zu kalkulieren.

Projektplan
Die Projektplanung betrifft hier nicht nur das eigentliche Projekt für die studentischen Teams sondern auch das gesamte Portfolio des Semesters und den Verlauf über einen Horizont von drei Semestern. Die Kalibrierung/Skalierung von Projekten Abb. 3.3 muss einerseits eine Balance schaffen zwischen dem Ziel und den dafür benötigten Ressourcen sowie andererseits den für das Lehrprojekt zur Verfügung stehenden Ressourcen.

Ressourcen für das Projekt sind in Personenstunden zu kalkulieren und der Lernsituation anzupassen. Dazu muss der Lehrende die notwendigen Aufwände für das Projekt (siehe Projektplanung) mit den bei den Lernenden zur Verfügung stehenden Aufwänden (curriculare Vorgaben) abstimmen. Folgende Aspekte sollten für die Planung eines Semesters berücksichtigt werden:

- Das Projekt muss im Rahmen der Ressourcen (auch Workload) und mit der eingeplanten Unterstützung durch Hochschule und Anspruchsgruppen (Stakeholder) durchführbar sein.
- Das Projekt muss durch das studentische Team planbar und realisierbar sein.
- Das Projekt muss im Rahmen des Projektportfolios zum Lernerfolg beitragen. Für das Portfolio ist die Studierendenanzahl im Semester wichtig.

- Die Anspruchsgruppen (Stakeholder) sollten zur Kooperation bereit sein.
- Das Ergebnis muss in geeigneter Form kommunizier- und publizierbar sein. Das Projekt muss nach Projektabschluss rechtssicher beurteil- und benotbar sein. Bei externen Vorschlägen und eigenen Themen der Studierenden ist hierauf besonders zu achten.
- Die rechtlichen Rahmenbedingungen (SPO, Hochschulrecht, Trennung von Aufgaben) müssen eingehalten werden.

Stakeholderanalyse
Um neue Projekte zu akquirieren ist die Pflege des Kundenstammes ebenso bedeutsam wie die Neugewinnung von Kunden. Die Pflege der Anspruchsgruppen ist ein fortwährender Prozess. Bei der Akquise neuer Projekte ist die Stakeholderanalyse unabdingbar. Hier wird protokolliert, welchen Nutzen, welches Interesse, welche Anforderungen und welchen Einfluss welcher Partner sowohl für das zu planende Projekt als auch in der Öffentlichkeit hat.

Die Anspruchsgruppen müssen daraufhin analysiert werden, inwiefern sie vom Projekt betroffen sind und welche Möglichkeiten der Einflussnahme sie haben, siehe Tab. 2.1. Neben den explizit formulierten Anforderungen gibt es auch implizite (persönliche, private, interne, strategische) Interessen bei allen Anspruchsgruppen. Damit lässt sich schon zu Projektbeginn prüfen, wer was zum Projekt beiträgt. Mögliche Anspruchsgruppen (Stakeholder) sind:

- Kunde und Auftraggeber, Ressourcengeber und Unterstützer
- Lehrende und MitarbeiterInnen
- Abteilungen im Unternehmen (Entwicklung, Marketing) bzw. in der Hochschule (Studiengang, Verwaltung, Öffentlichkeitsarbeit, Rektorat)
- Gesellschaftliche Gruppen, insbesondere aktuell und zukünftig Betroffene des Projektergebnisses
- KommilitonInnen, KollegInnen und WissenschaftlerInnen.

Anforderungsanalyse und Machbarkeit
Nach der Erfassung der Anspruchsgruppen (Stakeholder) müssen die Anforderungen an jedes einzelne studentische Projekt erfasst und dokumentiert werden, siehe Abschn. 2.1.

Die Projekte werden, wie in Abschn. 3.3 beschrieben, im Dialog mit den Kunden entwickelt. Ein wichtiges Kriterium ist die Machbarkeit (feasibility) aus Sicht der verschiedenen Anspruchsgruppen. Dabei ergeben sich aus Sicht von Lehrenden und Lernenden unterschiedliche Machbarkeitskriterien (Tab. 4.2, 4.3).

Wir fassen beide hier zusammen:

Tab. 4.2 Machbarkeitskriterien

Projekt	Kernfrage	Durchführender
Metaprojekt	Ist es als Hochschulprojekt im Rahmen der Lehre einsetzbar und durchführbar?	Lehrender Tab. 4.3
Studentisches Projekt	Ist es als studentisches Projekt im Rahmen der Lehrveranstaltung durch das Team durchführbar?	Projektteam Tab. 4.4

Tab. 4.3 Machbarkeit aus Sicht der Lehrenden

Aspekt	Kernfragen	Kriterien
Generell	Ist es als Hochschulprojekt im Rahmen der Lehre machbar?	Projektmanagement, Didaktik, Hochschulrecht
Zulässigkeit	Kann das Projekt als Lehrprojekt vergeben werden?	Didaktischer Nutzen, Rechtlicher Rahmen, Bildungseffekt
Aufwand	Ist der Aufwand angemessen?	Studienordnung, Aufwandsschätzung, Wirtschaftlichkeitsprinzip
Finanziell	Ist das Projekt von den zu erwartenden Kosten und Erträgen umsetzbar?	Budgetierung, Haushaltsregeln
Ergebnis	Gibt es ein klares Ergebnis, das einen Nutzen bringt?	Zieldreieck, Qualität und Stakeholderanalyse
Rechtlich	Kann das Projekt als Lehrprojekt durchgeführt werden?	Gesetzlicher Rahmen, Aufgaben- und Rollentrennung, persönlicher Nutzen
Technisch	Kann das angestrebte Projektergebnis von der Technik her erzielt werden?	Stand der Technik und Wissenschaft, Erfahrungen
Wissenschaftlich	Erzielt das Projekt einen Beitrag zur Wissenschaft?	Erkenntnisgewinn, Niveau
Politisch	Ist das Projekt politisch durchsetzbar?	Stakeholder, Promotoren Randbedingungen
Nutzen/Marketing	Besteht Interesse am Projektergebnis? Wer hat einen Nutzen?	Stakeholderanalyse
Nachhaltigkeit	Wirkt das Projekt im Sinne einer lokalen und globalen Nachhaltigkeit?	Effekte der (Bildung für) Nachhaltige Entwicklung
Prüfungsrelevanz	Ist das Projektergebnis als Basis einer Benotung geeignet?	Einflüsse auf das Projekt, Notenkriterien und Vergleichbarkeit

Lehrende / Hochschule

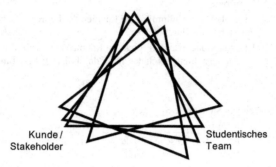

Kunde /   Studentisches
Stakeholder   Team

Abb. 4.2 Optimiertes Projektdreieck als Kompromiss

Anpassung des Projektdreiecks

Aus den Anforderungen ergeben sich insbesondere durch die Aufstellung des Arbeitsstrukturplans Abschätzungen für den Umfang des Projekts. Es zeigt sich meist, dass jede Anspruchsgruppe ein unterschiedliches Projektdreieck hat und somit unterschiedliche Vorstellungen der Partner und Teammitglieder aufeinander-prallen.

Der Lehrende muss dazu unterschiedliche Anforderungen integrieren und gegen den notwendigen Aufwand abwägen. Wichtig ist hier ein sachorientiertes Verhandeln (Fischer et al. 2013) anstelle des Beharrens auf Positionen.

Insgesamt kann man nun das Projekt im Rahmen des Projektdreiecks mit den gegebenen Informationen festlegen (Abb. 4.2).

4.2 Projektvergabe und Organisation

Bei der Projektvergabe kann direktiv vorgegangen werden (Einteilung der Teams). Die Möglichkeit, Projekte selbst auszusuchen oder vorzuschlagen erhöht einerseits die Motivation der Teilnehmer andererseits aber auch die Komplexität und mögliche Probleme (Kombination von Projektauswahl und Teambildung).

► Die Bildung eines Teams mit einem gemeinsamen Verständnis für Vision und Aufgabe darf nicht unterschätzt werden. Teambildende Maßnahmen sind für den Erfolg des Projekts wichtig.

Einige Beispiele zur Projektvergabe und Teambildung:

- Das Team findet sich selbst, danach werden die Themen und Teamrollen vergeben.
- Der Lehrende übernimmt die Auswahl der Themen und Teammitglieder.
- Die bereits im Projektthema benannten Projektleiter stellen ihr Projektteam zusammen.
- Die Teammitglieder tragen sich in Projektlisten ein, wobei unterschiedliche Vorgehensweisen denkbar sind. Die Teamrollen werden im Anschluss vergeben.

Die Teambetreuung ist ein sehr wichtiger Bestandteil der Projektdurchführung. In Besprechungen besteht die Möglichkeit, Abweichungen vom Projektziel zu korrigieren. Folgende Vorgehensweisen zur Betreuung studentischer Projekte eingesetzte werden:

- zwei- oder dreiwöchige Pflichttermine, um den Stand und weitere Vorgehensschritte abzuklären
- Besprechungstermine auf Nachfrage zur Stärkung der Selbstständigkeit der Studierenden
- Mischformen.

▶ Für die Kommunikation mit den Lehrenden sowie den Anspruchsgruppen (Stakeholdern) sollte jeweils ein fester Ansprechpartner im Projektteam zuständig sein. Die Komplexität der Kommunikation wird dadurch verringert, dass ein besserer Überblick der studentischen Anfragen entsteht.

Bei Problemen innerhalb des Teams können stufenweise Deeskalationsregeln aufgestellt werden.

- Stufe 1: Absprache im Projektteam, um eine gemeinsame Lösung zu finden.
- Stufe 2: Schriftliche Formulierung des Problems, interne Diskussion und zusätzlich Information an die Betreuer.
- Stufe 3: Problemklärung sowie Lösungsfindung im Gespräch mit allen Teammitgliedern und den Lehrenden.

4.3   Projektplanung

Die detaillierte Planung des Projekts basiert auf der Arbeitspaketstruktur (Work Breakdown Structure, kurz: WBS) und den Meilensteinen. Auf dem WBS basieren die Netzpläne und Kostenschätzungen, siehe Abschn. 2.2.

Die gesamte Planung muss vor der Bekanntgabe der individuellen Projekte im Semester abgeschlossen sein (Tab. 4.4).

Tab. 4.4 Planungsformular Projekt

Kriterium	Studentisches Projekt
Vision (Zielsetzung) als zukünftiger Zustand, erwartete Ergebnisse oder Erkenntnisse (Fragestellung)	
Wichtige Anspruchsgruppen (Stakeholder) und ihre Anforderungen und Unterstützung für das Projekt	
Mission (Aufgabe) als Tätigkeiten und zu erstellende Produkte (Deliverable Items) sowie Abgrenzung (Scope) des Projekts (z. B. als Negativliste)	
Ressourcen: Team und Personenstunden, Sonstige Ressourcen, Notwendige Zuarbeit und Unterstützung	
Termine und wichtige Zwischentermine mit ihrer Dringlichkeit	
Erkannte Risiken und Strategien	

Machbarkeit aus Sicht der Teilnehmer

Aus Sicht der Lernenden bzw. des Projektteams und jedes einzelnen Teilnehmers ist die Machbarkeit wichtig, da das Ergebnis mit dem Studienerfolg verknüpft ist (Tab. 4.5).

Tab. 4.5 Machbarkeit aus Sicht der Teilnehmer

Aspekt	Kernfragen	Kriterien
Generell	Ist es als studentisches Projekt bei den gegebenen Rahmenbedingungen machbar?	Aufwand, Kenntnisse
Zulässigkeit	Kann das Projekt als Lehrprojekt bearbeitet werden?	Anerkennbarkeit des Leistungsnachweises
Aufwand	Kann das Ziel im Rahmen eines lehrveranstaltenden Projekts erreicht werden?	Zur Verfügung stehende Zeit und Ressourcen
Finanziell	Ist das Projekt von den zu erwartenden Kosten und Erträgen umsetzbar?	Einnahmen und Ausgaben/ Kosten
Technisch	Kann das angestrebte Projektergebnis von Stand der Technik und Wissenschaft her erzielt werden?	Recherche vorab
Nachhaltigkeit und Ethik	Hat das Projekt positive Auswirkungen, bin ich mit dem Ziel einverstanden?	Nutzen, Zielanalyse, Diskurs
Prüfungsrelevanz	Ist das Projektergebnis als Basis einer Benotung geeignet?	Selbstreflexion des Teams, Risikoanalyse

4.4 Projektdurchführung und -controlling

Die Projektdurchführung beginnt mit der Bekanntgabe der Projekte im Semester. Nach der Teamfindung und Aufgabenverteilung im Team beginnt die Durchführungsphase für die Studierenden, indem sie ihr Projekt bearbeiten. Der Lehrende begleitet und betreut die studentischen Teams während der Projektbearbeitung. Durch die Präsentationen der Teams erfährt er den Stand der Projekte. Im Gegenzug erhält das Team Rückmeldungen und Anregungen. Von jeder einzelnen Rückmeldung profitieren auch die anderen studentischen Teams.

Die Präsentationen bedeuten für das studentische Team auch einen Übergang in die nächste Projektphase. Die gemeinsame Definition des Projekts und die Rolle des Dozenten als Betreuer gehen langsam über in die Prüfungssituation (Holzbaur 2007b, Abb. 4.1). Auch Rückmeldungen der Teilnehmer untereinander (innerhalb und zwischen den Gruppen) tragen zum Lerneffekt bei. Die Betreuung der einzelnen studentischen Teams findet nach Bedarf oder in regelmäßigen Treffen statt.

Selbstverständlich können bei der Projektbetreuung sämtliche Controlling-Methoden wie Terminüberwachung, Ressourcencontrolling und Stakeholdermonitoring, welche im Kap. 2 beschrieben wurden, angewandt werden.

Die Abschlusspräsentation vor den Kommilitonen, den Kunden und eventuell weiteren Stakeholdern und der (Hochschul-) Öffentlichkeit ist ein wichtiger Erfolgs- und Motivationsfaktor. Auch ein Pressebericht, der intern oder für die Öffentlichkeit im Internet oder mittels Printmedien publiziert wird, ist für die Projektteilnehmer ein Abschluss und Erfolgsfaktor.

Sämtliche Projekte sollten mit den angestrebten oder einem abschließenden Ergebnis, gegebenenfalls mit einem klaren Konzept für die Kunden, fertiggestellt werden. Der Lehrende darf ein „Man sollte mal" oder den Verweis auf Nachfolgeprojekte nicht akzeptieren, sondern muss zumindest eine anschlussfähige Planung fordern.

4.5 Projektabschluss und Reflexion

Am Ende des studentischen Projekts beginnt der Projektabschluss des Lehrenden, durch die Bewertung und Benotung der Projekte und der Reflexion der Projektmethode.

Bewertung und Benotung
Für die Bewertung und Benotung der studentischen Projekte definiert der Lehrende Aspekte für den Wissenserwerb, den fach- und projektbezogenen Kompetenzerwerb sowie den Projekterfolg. Diese könnten beispielsweise sein:

- Umsetzung des Projektmanagements, Kooperation und Problemlösung im Team
- Selbständiges Arbeiten, Strukturiertheit, Initiative und Kreativität
- Wissenschaftliches Arbeiten, Recherchequalität, fachliche Ansätze
- Qualität und Formen der Präsentation und der Dokumentationen
- Bewertung der Teammitglieder durch die Projektleitung und untereinander
- Vollständigkeit der Deliverable Items, Bewertung durch die Stakeholder
- Reflexion des Projektverlaufs, Lessons learned
- Wissenszuwachs, Erkenntnisse und Reflexion des Lehrveranstaltungsstoffs
- Reflexion des fachlichen Projektergebnisses
- Transfer für andere Studierende.

Die Evaluierung der studentischen Projekte orientiert sich hier am gesetzten Ziel. Die Kernfrage ist dabei nicht „Wurde das Ziel erreicht?" sondern „Wurden die notwendigen Maßnahmen durchgeführt um sicherzustellen, dass das Ziel erreicht wird?". Zur Evaluation können folgende Fragen gestellt werden:

- Wurde das Projektziel erreicht?
- Änderte sich das Ziel und wenn ja, warum?
- Was lief bei der Projektdurchführung gut?
- Was lief bei der Projektdurchführung schlecht?

Die Bewertungskriterien werden vom Auftraggeber und den Lehrenden festgelegt. Dabei sollte die Qualität der studentischen Selbstreflexion „Lessons learned" in der Bewertung mit berücksichtigt werden.

Reflexion des Lehrenden
Ein nicht zu vernachlässigender Aspekt ist die prüfende Betrachtung der Lehrmethode. Hierbei sollten Hintergründe und Auswirkungen der Projektmethode mit alternativen Vorgehensweisen verglichen werden. Um den Lehrerfolg zu steigern, sollten unter anderem folgende Fragen gestellt werden:

- Was war mein Ziel? Wurde das Ziel erreicht?
- Hat sich das Ziel geändert und warum?
- Was lief bei der Umsetzung gut oder schlecht?
- Welche Methoden waren bedeutsam für mich und warum?

Mit Evaluationen können Prozesse transparent gemacht, Wirkungen dokumentiert und Zusammenhänge aufgezeigt werden.

▶   Sie kennen nun die Einbindung des studentischen Projekts in Ihr Gesamtprojekt (Metaprojekt).

Spezielle Projektarten

5

▶ Projekte unterscheiden sich vor allem nach dem zu erreichenden Ziel
und der Art der Einbettung in die Lehre.

Bezüglich der Einbettung gehen wir in diesem Buch immer von lehrveranstaltungsbegleitenden Projekten oder reinen Lehrprojekten aus. Andere Projekte siehe
beispielsweise Holzbaur 2014.

Bezüglich des Ziels gibt es eine breite Skala von wissenschaftlichen Projekten
(Erkenntnisgewinn) zur praktischen Umsetzungen (Entwicklung, Organisation).
Daneben gibt es rein reproduktive Projekte, deren Ziel die Zusammenfassung und
Strukturierung vorhandenen Wissens zu einem Thema ist.

5.1 Entwicklung

Entwicklung ist die systematische Herleitung der Eigenschaften eines Produkts.
Dieses Produkt kann etwas Physisches sein, aber auch in Form eines Konzeptes
dargestellt werden (Holzbaur 2007b). Somit bestehen Entwicklungsprojekte aus
Innovationen und oft auch aus daraus resultierenden neuen Erkenntnissen. Wichtig
in der Entwicklung ist die Gliederung in Phasen, die unter Umständen mehrmals
durchlaufen werden:

- Anforderungsanalyse
- Spezifikation
- Entwurfsphasen

© Springer Fachmedien Wiesbaden 2015
U. Holzbaur, M. Bühr, *Projektmanagement für Lehrende,* essentials,
DOI 10.1007/978-3-658-09060-9_5

- Implementierung
- Validierung und Verifikation.

Aalener Sonnenuhr

Die Aalener Sonnenuhren sind von einem Gymnasiallehrer entwickelte didaktische Modelle. Über mehrere Projekte wurden die didaktischen Konzepte und Modelle in Konstruktionen umgesetzt und verbessert. Abschließend erfolgte die Übergabe an die Lehrwerkstatt der Firma Carl Zeiss, von der nun die Sonnenuhr hergestellt und vertrieben wird.

Entwicklungsprojekte können sich auf Hardware oder Software beziehen und als Ergebnis unterschiedliche Stufen der Ausführung (Spezifikation, Design, Prototyp) liefern.

Intelligente Geräte

Im Rahmen der Informatik-Vorlesung bekommt jedes Team ein Haushaltsgerät (Kaffeemaschine, Staubsauger, ...) oder eine Hauskomponente (Heizung, ...) zugewiesen und entwickelt eine Konzeption für ein intelligentes Gerät (Anforderungen, Spezifikation, Wissensverarbeitung). Im Projektportfolio ergeben sich dadurch Vernetzungen und Synergien zwischen den Projekten und zwischen den Komponenten (intelligentes Haus).

5.2 Wissenschaftliche Projekte

Wissenschaftliche Projekte zeichnen sich durch eine zu bearbeitende Forschungsfrage aus. Problemstellungen werden mittels wissenschaftlicher Methoden erforscht. Die Bachelorarbeit ist für Studierende meist das erste große wissenschaftliche Projekt. Wissenschaftliche Projekte gliedern sich in folgende Phasen:

- Festlegung des Themenbereichs
- Literatur- und Materialsuche sowie Auswertung
- Festlegung des Themas und der Problemstellung: Welche Forschungsfrage soll beantwortet werden?
- Festlegung der Methode: Wie soll die Forschungsfrage bearbeitet werden?
- Bearbeitung
- Test, Verifikation und Validierung
- Dokumentation und Publikation.

Research Proposal
Bei sämtlichen wissensbasierten Projekten ist es sinnvoll, in der Projekteingangs-
phase ein „Research Proposal" zu schreiben, um Klarheit über die genaue Zielsetzung zu bekommen.

Catchment Area

Mehrere Projekte haben sich mit dem Thema „Einzugsgebiet" beschäftigt und
nicht nur die konkreten Einzugsgebiete von Events oder Museen analysiert,
sondern dazu geeignete Modelle entwickelt.

5.3   Organisationsprojekte

▶ **Organisationsprojekt** Ein Organisationsprojekt ist ein einmaliges und kom-
plexes Vorhaben, in dem organisatorische Regelungen entwickelt oder Organisa-
tionsmaßnahmen durchgeführt werden (Bokranz und Kasten 2003).

Ziel der Organisationsprojekte ist die Durchführung von Organisationsmaßnah-
men oder das Entwickeln von organisatorischen Regeln. Organisationsprojekte
sind als studentische Projekte eher die Ausnahme, da sie vertieftes Wissen und
sensible Details über die betrachtete Organisation beinhalten. Sie können aber intern und extern interessant sein.

Prozessmanagement

Im Rahmen von Lehrveranstaltungen zu Organisationslehre, Qualitätsmanagement und Informatik kann die Gestaltung und Modellierung eines konkreten
Ablaufs (Abfallentsorgung, Urlaubsantrag, Angebotsbearbeitung) eine interessante Aufgabe sein, die den Studierenden Einblick in den Unterschied zwischen
essenziellen und physischen Modellen sowie die konkrete Implementierung
gibt.

Ein spezieller Fall von Organisationsprojekten ist die im Abschn. 5.4 betrachtete
Veranstaltungsorganisation, wenn es nicht nur um das Planen und Durchführen
einer einzelnen Veranstaltung (operatives Eventmanagement), sondern um die
langfristige Einbettung und die Gestaltung der Ablauf- und Aufbauorganisation für
regelmäßig stattfindende Veranstaltungen (strategisches Eventmanagement) geht.

AIM und TdR

Für die Studierendenmesse „Aalener Industrie Messe" (AIM) und den „Tag der Regionen" (TdR) haben Studierende Schwachstellen der Organisation analysiert, Ablaufkonzepte erstellt und Organisationshandbücher verfasst.

5.4 Veranstaltungsorganisation

Die Organisation von Veranstaltungen ist für Studierende immer ein attraktives Thema. Dabei können Lehrveranstaltungsinhalte durch das Thema (z.B. Konstruktionswettbewerb, Lehre, Evaluierung) oder Rahmenbedingungen (Qualität, Umwelt, Logistik) der Veranstaltung eingebracht werden.

Events
Wichtige Aspekte bei der Definition eines Events sind (Holzbaur 2010):

• Planung und Inszenierung des Events aus Besuchersicht
• Berücksichtigung der Sicherheit, Vermeidung von negativen Eindrücken
• Aktivierung und die Rückkopplung zwischen positiver Einstellung und aktiver Teilnahme
• Planung der Vielfalt von Symbolen und Sinneseindrücken
• Planung und Steuerung der Anzahl und Zusammensetzung der Teilnehmer
• Berücksichtigung der kulturellen Einstellungen und Werte der Besucher und Anspruchsgruppen (Stakeholder)
• Presse- und Öffentlichkeitsarbeit zur Erfolgssicherung.

Beispiel

Studierende der Hochschule Aalen organisierten mit mehreren Projektpartnern (Studentenwerk Ulm mit klimafreundlichen und saisonalen Produkten, Sportverein, Eine-Welt-Laden, Agendabüro) Aktionen für die baden-württembergischen Nachhaltigkeitstage.

Workshops

► Im Workshop wird ein bestimmtes Thema mit Akteuren aus unterschiedlichen Disziplinen intensiv beleuchtet und diskutiert. Ein Moderator führt durch den Workshop. Die Ergebnisse des Workshops werden oft in weitere Maßnahmen umgesetzt.

Ein Workshop ist ein wichtiges Element der wissenschaftlichen Arbeit an Hochschulen. Bei Tagungen dient der Workshop zur Ergebniserarbeitung, Kommunikation und Netzwerkbildung der Teilnehmer.

Beispiel

An der Hochschule Aalen hat sich besonders die halbtägige Kurzform der Zukunftswerkstatt mit vier Phasen (Verbesserungswünsche, Vision, Konkretisierung und Projekt) bewährt (Holzbaur 2012).

Erfolgreiche Themenbereiche waren die Qualität von Studium und Betrieb der Hochschule, das Engagement von Studierenden und Lehrenden und der Übergang Schule – Hochschule.

Präsentationen/Auftritte
Ziele dieser Projekte sind Informationen, Fakten und Daten aber auch das Verständnis über ein Thema zu vermitteln, den Zuschauer zu unterhalten und dadurch Aufmerksamkeit zu verschaffen. Ein weiteres Ziel ist den Zuschauer zu einer bestimmten Reaktion zu bewegen, zum Beispiel die Anerkennung des Erfolgs oder Kooperationsbereitschaft bei wissenschaftlichen Vorträgen oder bei potenziellen Geldgebern die Spendenbereitschaft fordern. Dies gilt auch für die Abschlusspräsentationen für jedes individuelle studentische Projekt.

Beispiel

An der 12. Konferenz der Nachhaltigkeitsbeauftragten der Hochschulen in Baden-Württemberg referierten einige Studierende über ihre studentischen Projekte. Auch die Moderation dieses Programmteils wurde im Rahmen eines studentischen Projekts geplant und durchgeführt. Die studentischen Referate gaben eine Übersicht über Nachhaltigkeitsprojekte der Hochschule Aalen.

Abschlussveranstaltung und Ergebnispräsentation
Präsentationen sind zur Ergebnissicherung und Initiierung der Umsetzung von Projektergebnissen, aber auch als Prüfungsleistung wichtig.

Beispiel

Ein studentisches Team gestaltete und organisierte eine Pecha Kucha-Veranstaltung mit dem Thema „Jugend und Zukunft". Generell zeichnen sich die Pecha Kucha-Vorträge durch 20 Folien zum Vortrag aus, welche sich im Rhythmus von 20 Sekunden ändern.

5.5 Lehr-Lern-Projekte

Wissensbasierte Projekte sind neben den wissenschaftlichen Projekten Abschn. 5.2 die im Folgenden betrachteten Recherche-Projekte mit Präsentationen. Der Schwerpunkt liegt dabei auf der Wissensvermittlung.

Lernen als Projektziel
Lernen und Kompetenzerwerb sind in allen lehrveranstaltungsbegleitenden Projekten präsent. Hier stehen sie aber im Fokus: Entweder das eigene Lernen der Projektteams oder das Lehren als Projektziel.

► **Lernen und Lehren**
   Projektlernen
   Beim klassischen Projektlernen generiert, lernt und vertieft jedes Projektteam Wissen anhand des eigenen Projekts. Ein Austausch mit anderen Projekten findet nicht oder nur informell statt.
   Lernen durch Lehren
   Beim Lernen durch Lehren nutzt man den Effekt, dass Wissen durch die Vorbereitung und das Vermitteln vertieft wird. Das Projektteam lernt durch die Aufbereitung von vorhandenem Wissen für die KommilitonInnen selbst.
   Lehre als Ziel – Gruppenpuzzle
   Beim Gruppenpuzzle steht der Lernerfolg des gesamten Semesters im Vordergrund. Jedes Team arbeitet das vom Lehrenden vorgegebene Wissen auf, wird selbst zum Experten und vermittelt dieses Wissen an die KommilitonInnen.
   Student-to-Student – S2S
   Beim Projektbasierten Lernen von Student zu Student (S2S) liegt der Fokus auf allen drei Effekten: Wissenserzeugung, Wissensvertiefung und Wissensvermittlung. Jedes Team generiert in der ersten Phase – dem eigentlichen Projekt – Wissen, das in der dritten Phase an die KommilitonInnen vermittelt wird. Dazwischen steht die Phase der didaktischen Aufbereitung. Die Stoffabdeckung geschieht im Rahmen des Projektportfolios Tab. 5.1 der Lehrveranstaltung.

In der Lehre werden Projekte vom Typ „Lernen durch Lehren" häufig eingesetzt. Der Projektcharakter beschränkt sich dabei auf die Erarbeitung des Stoffs zu einem bestimmten Zeitpunkt abgeschlossen sein muss. Für die hier vorgestellte Projektmethode ist S2S eine Komponente der Ergebnisnutzung. (Abb. 5.1) Die Methode S2S erfordert eine klare Ausrichtung der Projekte auf die Stoffabdeckung. Damit wird das Projektportfolio extrem wichtig.

Tab. 5.1 Research Proposal – Projektdefinition für wissenschaftliche Projekte

Kapitel	Inhalt
Titel	Arbeitstitel und Thema der Arbeit und Beschreibung der Zielsetzung bzw. des erwarteten Ergebnisses
Problemstellung	Das Ausgangsproblem sollte so beschrieben werden, dass klar ist, worin die Motivation für die Vergabe und Bearbeitung der Arbeit liegt. Die Problemstellung soll die Ausgangsfragestellung in einen allgemeinen Kontext stellen
Stand der Wissenschaft	Bekannte und grundlegende Literatur, Vorarbeiten an der Hochschule, eigene Vorarbeiten
Zielsetzung	Die Zielsetzung der Arbeit lässt sich wie bei Projekten auf mehreren Ebenen darstellen: Vision, Deliverables, Mission, Scope
Vorgehensweise	Systematisches Vorgehen zur Ableitung der Ergebnisse: Vorgehensorientiert: Methoden Ablauforientiert: Phasenkonzept Aufgabenorientiert: Arbeitsstrukturplan Zeitorientiert: Ablaufplan
Methodischer Ansatz	Wissenschaftliche Methoden zur Gewinnung der Ergebnisse sollen hier beschrieben werden. Dieser Abschnitt soll klar darstellen, wie der Anspruch, ein Problem mit wissenschaftlichen Methoden zu lösen, in die Tat umgesetzt werden soll
Terminplan	Aus der Vorgehensweise leitet sich der Arbeitsstrukturplan für die Arbeit ab. Aus dem Arbeitsstrukturplan kann der Terminplan abgeleitet werden, in den die wichtigen Meilensteine aufgenommen werden

CSR in ausgewählten Branchen

Das Thema „Corporate Social Responsibility" (kurz: CSR, unternehmerische gesellschaftliche Verantwortung) wird im Rahmen der Lehrveranstaltung „Nachhaltige Entwicklung" anhand von 18 Branchen aufbereitet. Jedes Projektteam recherchiert über die zugewiesene Branche, wählt die Unternehmen aus der Region aus und führt Interviews mit Unternehmensvertretern. Abschließend stellt jedes Team die Nachhaltigkeitsschwerpunkte der Branche und das dazu ausgewählte regionale Unternehmen mit seinen CSR-Aktivitäten dar. Das ganze kann in eine Publikation oder Website integriert werden.

Das Portfolio der Projekte kann an Themen oder Vorlesungskapiteln (Theorie) oder Anwendungsbereichen (Praxis) orientiert sein.

Abb. 5.1 Lernen durch Projekte und Lehren

Intelligente Geräte

Die Gesamtdarstellung der in Abschn. 5.1 betrachteten intelligenten Geräte und ihre abschließende Präsentation mit einer Machbarkeitsprüfung (Informationsfluss, Entscheidungsmechanismen) ergibt einen Gesamteindruck über Methoden und Anwendungen intelligenter Systeme.

Auch im Projektmanagement selbst kann die Methode eingesetzt werden.

Projektschwerpunkte

Im Rahmen der Abschlusspräsentationen zur Lehrveranstaltung Projektmanagement bekommen die einzelnen Teams Schwerpunkte (Stakeholderanalyse, Anforderungsanalyse, Projektdreieck, WBS, Projekthierarchie, Kommunikation, Meilensteine, Controlling, EVA, Qualitätsmanagement, Pressearbeit, Tests, ...) zugeordnet, die sie anhand ihres Projekts verdeutlichen. Dadurch werden die in der Vorlesung behandelten Themen vertieft und praxisrelevant aufbereitet.

5.6 Publikationsprojekte

Bei Publikationsprojekten ist immer das Endziel eine Publikation herauszugeben. Das Ziel der Publikation kann Information oder Werbung sein. Je nach der Beantwortung der zwei Kernfragen: „Was wird publiziert? (Inhalt)" und „Wen möchte man mit der Publikation ansprechen? (Zielgruppe)" ist das Medium für die Herausgabe unterschiedlich.

Mögliche Medien sind:

- Social Media
- Broschüre, Ausdruck oder Flyer
- Fachzeitschrift, Zeitschrift, Sammelband oder Buch
- pdf-Dateien zur Weitergabe über
    - E-Mail, twitter oder news (push)
    - Downloadmöglichkeit über Webseite oder Social Media (pull)
    - Speicherung und Weitergabe auf Medien
    - Ausdrucke

City Guide

Jede Stadt hat Stadtführer für Touristen. Ein interessantes Projekt für Studierende ist die Erfassung von relevanten Themen und die Erstellung eines Guide für Studierende und Lehrende aus dem Ausland. Der Guide kann auch für Erstsemester und neue Hochschulmitglieder genutzt werden.

Dabei werden die Anspruchsgruppen (Stakeholder) ermittelt und mit diesen die wichtigen Komponenten wie Ämter und Ansprechpartner, Locations und Events, Firmen und Arbeitsplätze, Bildungs- und Freizeiteinrichtungen, Essen und Trinken, Geschichte und Geologie erfasst. Die Publikation erfolgt in geringem Umfang als Ausdruck, hauptsächlich aber auf den Internetseiten der Stadt und der Hochschule.

Publikationsprojekte können auch als Rahmen für S2S dienen. Die Publikation bietet Rahmen und Motivation für die individuellen Projekte und eine Basis für die Darstellung des Portfolios für das Lernen.

▶   Sie kennen nun die Typen, Schwerpunkte und Beispiele von lehrveranstaltungsbegleitenden Projekten.

Zusammenfassung

Projekte eignen sich besonders, um Kompetenzen und Wissen zu vermitteln, dabei wird meist neues Wissen generiert. Die konkret erzielten Ergebnisse motivieren die Teammitglieder zur vollständigen Projektdurchführung. Bei der projektabschließenden Reflexion wird erworbenes Wissen überprüft und gefestigt.

© Springer Fachmedien Wiesbaden 2015
U. Holzbaur, M. Bühr, *Projektmanagement für Lehrende,* essentials,
DOI 10.1007/978-3-658-09060-9

Was Sie aus diesem Essential mitnehmen können

- Sie können den Einsatz der Projektmethode zur Vermittlung von Wissen und Methoden und zur Erreichung konkreter Ziele planen.
- Sie können beurteilen, wie und in welchem Umfang Lehrprojekte sinnvoll eingesetzt werden.
- Sie können Ihren Studierenden wertvolle Hinweise für die Vorbereitung, Durchführung und Ergebnissicherung studentischer Projekte geben.
- Sie beherrschen das Stakeholdermanagement über alle Projektphasen.
- Sie kennen die wichtigsten Aspekte der Kommunikation mit Studierenden vor, während und nach dem Projekt.
- Sie kennen die wichtigsten Einsatzbereiche studentischer Lehrprojekte und deren spezielle Aspekte.

© Springer Fachmedien Wiesbaden 2015
U. Holzbaur, M. Bühr, *Projektmanagement für Lehrende*, essentials,
DOI 10.1007/978-3-658-09060-9

Literatur

Bokranz, R., & Kasten, L. (2003). *Projekt-Management – Organisations-Management in Dienstleistung und Verwaltung* (S. 401–441). Wiesbaden: Gabler, Betriebswirt-Vgl.

Briedis, K., Heine, C., Konegen-Grenier, C., & Schröder, A.-K. (Hrsg.). (2011). Mit dem Bachelor in den Beruf. Arbeitsmarktbefähigung und -akzeptanz von Bachelorstudierenden und -absolventen. Essen: Edition Stifterverband.

Bühr, M., Holzbaur, U., & Venus, C. (2013). Project learning, shaping competence and other competences in education for sustainable development. Edulearn, 2013 iated, p. 1622–1631.

EFQM (European Federation for Quality Management). (2013). European framework for quality management: EFQM excellence model. Brüssel: EFQM.

Fisher, R., & Scharp, A. (1998). *Führen ohne Auftrag – wie Sie Ihre Projekte im Team erfolgreich durchsetzen.* Frankfurt/New York: Campus. (Getting it done, 1998).

Fisher, R., Ury, W., & Patton, B. (2013). *Das Harvard-Konzept. Der Klassiker der Verhandlungstechnik.* Frankfurt/New York: Campus. (Getting to Yes 1981).

Hachtel, G., & Holzbaur, U. (2010). *Management für Ingenieure.* Wiesbaden: vieweg.

Holzbaur, U. (2000). *Management.* Ludwigshafen: Kiehl.

Holzbaur, U. (2007a). Project and thesis supervision – from leadership to examination: A German perspective. *Journal for New Generation Science, 4/2*(2006), 1–21.

Holzbaur, U. (2007b). *Entwicklungsmanagement.* Heidelberg: Springer.

Holzbaur, U. (2008). Teaching quality and sustainability with prepared project method (PPM). In Gomez, L. et al. (eds.) INTED2008 international technology education and development conference, Valencia, IATED.

Holzbaur, U. (2010) Prepared Project Method – systematische Integration von Projekten in die Lehre. Mit systematisch vorbereiteten Projekten Lehre erlebnis- und ergebnisorientiert unterstützen. In Neues Handbuch Hochschullehre Stuttgart: Dr. Josef Raabe Verlag E 4.3.

Holzbaur U. (2012) Zukunftswerkstatt kompakt. Mit dem Phasenkonzept der Zukunftswerkstatt Hochschulworkshops effizient durchführen und lehren. In Neues Handbuch Hochschullehre Stuttgart: Dr. Josef Raabe Verlag G 5.16.

Holzbaur. (2014). *Projektmanagement für Studierende.* Wiesbaden: Springer Gabler.

Holzbaur, U., & Holzbaur, M. (1998). *Die wissenschaftliche Arbeit – Leitfaden für Ingenieure, Naturwissenschaftler, Informatiker und Betriebswirte.* München: Hanser.

© Springer Fachmedien Wiesbaden 2015
U. Holzbaur, M. Bühr, *Projektmanagement für Lehrende,* essentials,
DOI 10.1007/978-3-658-09060-9

Holzbaur, U., & Marx, I. (Hrsg.) (2011). *Handlungs- und Erlebnisorientierung in der tertiä-ren Bildung.* Aalen: Shaker-Verlag Aachen.

Holzbaur, U., & Venus, C. (2013). Projektmethode. In Rathje, B. & Beyer, A. (hrsg.), *Didaktik für Wirtschaftswissenschaften.* S. 167–182. München: Oldenbourg.

Holzbaur, U., Jettinger, E., Knauss, B., Moser, R., & Zeller, M. (2010). *Eventmanagement.* Heidelberg: Springer.

Holzbaur, U., Lategan, L., Kokt, D., & Dyason, K. (2012). Seven imperatives for success in research. Bloemfontein/Stellenbosch: SunMedia.

Holzbaur, U., Bühr, M., & Jordaan, J. (2013a). Innovative methods for tertiary education for sustainable development. 6th ICEBE, S. 80–86. Windhoek: ICEBA.

Holzbaur, U., Bühr, M., & Theiss, M., (2013b). Regionale Stakeholderkooperation einer Hochschule zur Umsetzung der Nachhaltigen Entwicklung in Projekten. UmweltWirtschaftForum Springer uwf 21, Heidelberg, S. 179–186.

Holzbaur, U., Wenzel, T., & Bühr, M. (2013c). Curricular aspects of students projects in the bologna framework – linking prepared project method with curricular requirements. Edulearn 2013 p. 1611–1621.

ISO (International Standardization Organisation). (2008). ISO 9001:2008 Quality management systems – requirements. ISO: Geneva.

Lategan, L. O. K., & Holzbaur, U. D. (2010). The entrepreneurial university benefit or threat? 3rd National Entrepreneurial Conference. Bloemfontein. 24.-25.8.2010.

Nünning, A. (2009). Vielfalt der Kulturbegriffe. http://www.bpb.de/gesellschaft/kultur/kulturelle-bildung/59917/kulturbegriffe?p=all. (zuletzt am 09.12.2014 aufgerufen).

Schein, E. H. (2004). Organizational Culture and Leadership. San Francisco: Wiley.

Schneidewind, U. (2013). Transformative Literacy – Gesellschaftliche Veränderungsprozesse verstehen und gestalten. *GAIA, 22*(2), 82–86.

Theisen, R. (1993). *ABC des wissenschaftlichen Arbeitens.* dtv/ Beck.

Tulodziecki, G., Herzig, B., & Blömke, S. (2004). *Gestalten von Unterricht. Eine Einführung in die Didaktik.* Bad Heilbrunn: Klinkhardt.

Venus, C. (2013) Kompetenzmessung in der Prepared Project Method (PPM): Entwicklung und Erprobung eins Instruments zur Benotung der studentischen Projekte im Wirtschaftsingenieurwesen. Abschlussarbeit FU Hagen, Aalen.

Printed in the United States
By Bookmasters